U0828814

斯维导图

注册会计师考试辅导用书·经济法

斯尔教育 组编

斯维导图

電子工業出版社
Publishing House of Electronics Industry
北京 · BEIJING

未经许可，不得以任何方式复制或抄袭本书之部分或全部内容。
版权所有，侵权必究。

图书在版编目（CIP）数据

经济法 / 斯尔教育组编. -- 北京 : 电子工业出版社, 2025. 2. --（注册会计师考试辅导用书）. -- ISBN 978-7-121-49639-4

Ⅰ. D922.29

中国国家版本馆CIP数据核字第2025DU1234号

责任编辑：张春雨
印　　刷：天津鸿景印刷有限公司
装　　订：天津鸿景印刷有限公司
出版发行：电子工业出版社
　　　　　北京市海淀区万寿路173信箱　　邮编：100036
开　　本：787×1092　1/16　　印张：7.75　　字数：316千字
版　　次：2025年2月第1版
印　　次：2025年2月第1次印刷
定　　价：50.00元

凡所购买电子工业出版社图书有缺损问题，请向购买书店调换。若书店售缺，请与本社发行部联系，联系及邮购电话：（010）88254888，88258888。

质量投诉请发邮件至zlts@phei.com.cn，盗版侵权举报请发邮件至dbqq@phei.com.cn。

本书咨询联系方式：faq@phei.com.cn。

目录

使用指南

新 新增内容

变 变动内容

● 背诵和记忆内容

● 关键词句

提示性、拓展性内容

第一章 法律基本原理

（考2分）

法律基本原理

法律基本概念

法的概念与特征

（1）法是由一定物质生活条件所决定的统治阶级意志的体现

（2）法是由国家制定或认可的行为规范

（3）法是由国家强制力保证实施的行为规范

行为规范包含社会规范（法律、道德）和技术规范（度量衡）

（4）法是调整人的行为和社会关系的行为规范

（5）法是确定社会关系参加者的权利和义务的规范

法律体系

法律体系：宪法及宪法相关法、刑法、行政法、民商法、经济法、社会法、诉讼与非诉讼程序法七个法律部门

民商法包含涉及商标、专利、著作等领域的知识产权法

法律渊源

（1）类型及制定机构

法律渊源		制定机构
宪法	宪法	全国人民代表大会
	宪法相关法	
法律	基本法律	
	一般法律	全国人民代表大会常委会
法规	行政法规	国务院
	地方性法规	有地方立法权的地方人民代表大会及其常委会
规章	部门规章	国务院各部、委员会、中国人民银行、审计署和具有行政管理职能的直属机构及法律规定的机构
	地方政府规章	有权制定规章的地方人民政府
司法解释	最高人民法院司法解释	最高人民法院
	最高人民检察院司法解释	最高人民检察院
国际条约和协定		—

（2）效力层级

①宪法＞法律＞行政法规＞部门规章

②宪法＞法律＞行政法规＞地方性法规＞地方政府规章

法律规范

（1）法律规范是法律构成的基本单位

（2）法律条文、法律规范和规范性法律文件的关系

①法律条文是法律规范的表现形式；法律规范是法律条文的内容

②法律条文是规范性法律文件的基本构成要素

③规范性法律文件是法律规范的载体

- (3) 法律规范的分类
  - ①以行为模式为标准
    - a. 授权性规范，即规定“可以……”“有权……”“享有……权利”
    - b. 义务性规范
      - Ⅰ. 命令性规范，即“应当……”“必须……”“有……义务”
      - Ⅱ. 禁止性规范，即“不得……”“禁止……”
  - ②以是否允许当事人自主调整为标准
    - a. 强行性规范，不允许行为人调整
    - b. 任意性规范，允许行为人调整
  - ③以内容是否确定为标准
    - a. 确定性规范，即内容是确定的
    - b. 非确定性规范
      - Ⅰ. 委任性规范，即内容不确定，由某主体制定
      - Ⅱ. 准用性规范，即内容不确定，适用其他规范

法律关系 — 构成要素 — (1) 主体

- ①自然人
  - a. 权利能力 — 从出生时起到死亡时止
  - b. 行为能力
    - Ⅰ. 依据年龄划分

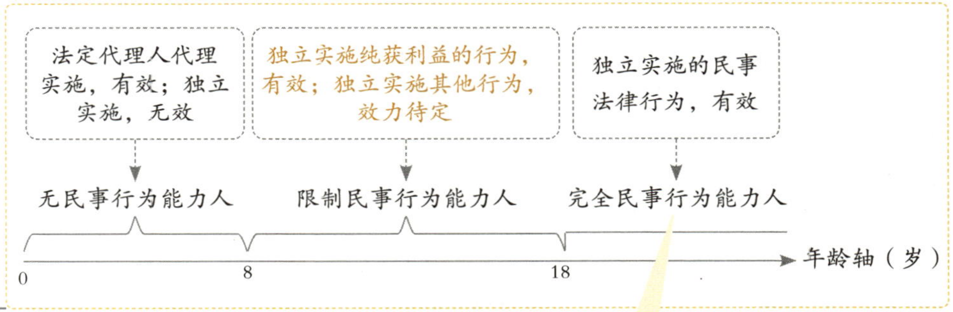

16周岁以上以自己的劳动收入为主要生活来源的也属此类

    - Ⅱ. 依据精神状况划分
      - · 不能完全辨认→限制民事行为能力人
      - · 不能辨认→无民事行为能力人
- ②法人（成立时，即具有权利能力和行为能力；终止时，一并终止）
  - a. 营利法人（包括：有限责任公司、股份有限公司、其他企业法人等）
  - b. 非营利法人（包括：事业单位、社会团体、基金会等）
  - c. 特别法人（包括：机关法人、农村集体经济组织法人、居委会等）
  - · 超越经营范围订立的合同，通常不因此认定合同无效
  - · 违反国家法律、限制经营以及特许经营、行政法规禁止经营规定的，无效
- ③非法人组织（包括：个人独资企业、合伙企业等）
- ④国家（在特定情况下，国家可以作为一个整体成为法律关系的主体）

法律基本原理

法律关系

构成要素

(2) 客体

新型法律客体：个人信息、数据

客体类型	说明
物	自然物（如：森林、土地等）
	人类劳动创造物（如：建筑、机器等）
	财产（如：货币、有价证券等）
行为	作为（如：运输旅客等）
	不作为（如：保密等）
人格利益	公民或组织的姓名或者名称，公民的肖像、名誉、尊严等
智力成果	科学著作、文学艺术作品、专利、商标等

(3) 内容 — 法律关系主体享有的权利和承担的义务

法律事实

(1) 行为

- ①法律行为
  - a. 以行为人的意思表示为要素
  - b. 行为人应当具有相应的行为能力
- ②事实行为
  - a. 与表达法律效果、特定精神内容无关
  - b. 一般不受行为人行为能力影响

如：创作行为、侵权行为等

受主观意志影响

(2) 事件

- ①人的出生和死亡
- ②自然灾害与意外事件
- ③时间的经过

客观事实

习近平法治思想的重要意义

- 是马克思主义法治理论中国化的最新成果
- 是中国特色社会主义法治理论的重大创新发展
- 是习近平新时代中国特色社会主义思想的重要组成部分
- 是新时代全面依法治国必须长期坚持的指导思想

- **全面依法治国**
  - 中央全面依法治国委员会办公室设在司法部
  - 全面推进依法治国的总目标是建设中国特色社会主义法治体系、建设社会主义法治国家
  - 党的领导是推进全面依法治国的根本保证
  - 推进全面依法治国的根本目的是依法保障人民权益
  - 中国特色社会主义法治体系是推进全面依法治国的总抓手
  - 全面推进依法治国的基本原则
    - (1) 坚持中国共产党的领导
    - (2) 坚持人民主体地位
    - (3) 坚持法律面前人人平等
    - (4) 坚持依法治国和以德治国相结合
    - (5) 坚持从中国实际出发
- **高质量发展与优化营商环境建设**
  - 世界银行营商环境评价指标
    - 市场准入、获取经营场所、公共设施连接、雇佣劳动、获取金融服务、国际贸易、税收、争端解决、市场竞争和企业破产
  - 优化营商环境的基本原则
    - (1) 国家持续深化简政放权、放管结合、优化服务改革的原则
    - (2) 坚持市场化、法治化、国际化原则
    - (3) 建立统一开放、竞争有序的现代市场体系原则
    - (4) 平等对待各类市场主体原则

笔记区

第二章 基本民事法律制度

（考4分）

基本民事法律制度

民事法律行为

主民事法律行为可独立存在；从民事法律行为随主民事法律行为存在而存在

特征 — 以意思表示为要素，以设立、变更或终止权利义务为目的

分类

类型		举例
单方 / 双方 / 多方	单方民事法律行为	撤销权的行使、解除权的行使、效力待定行为的追认、遗嘱、遗赠
	双方民事法律行为	买卖合同、赠与合同
	多方民事法律行为	决议（多数决议的方式作出）
有偿 / 无偿	有偿民事法律行为	买卖合同、承揽合同
	无偿民事法律行为	赠与合同、无偿委托
负担 / 处分	负担行为	债法行为
	处分行为	物权行为
要式 / 不要式	要式民事法律行为	建设工程合同
	不要式民事法律行为	即时结清的买卖合同
主 / 从	主民事法律行为	借贷合同
	从民事法律行为	为保证借贷合同履行而订立的担保合同

意思表示

(1) 表示方式

- ①明示 — 口头（电话交谈）、书面（签订合同）
- ②推定 — 实施积极行为（购物后向售货员交付货币）
- ③默示 — 消极的不作为（没作表示的继承视为接受继承）

只有在有法律规定、当事人约定或者符合当事人之间的交易习惯时，才可视为意思表示

(2) 分类及生效时间

类型			生效时间
有相对人的意思表示	对话方式作出		相对人知道其内容时
	非对话方式作出	一般情况	到达相对人时
		数据电文	依约定 / 进入特定系统 / 知道或应当知道进入系统
无相对人的意思表示			意思表示完成时
以公告方式作出			公告发布时

遗嘱行为、抛弃行为

效力

- (1) 生效要件
  - ① “有能力”：行为人具有相应的民事行为能力，否则无效或效力待定
  - ② “真性情”：行为人的意思表示真实，否则无效或可撤销
  - ③ “守法律”：不违反法律法规，不违背公序良俗，否则无效
- (2) 无效民事法律行为
  - 自始无效、当然无效、绝对无效
  - ① “没能力”：无民事行为能力人独立实施
  - ② “假情谊”：以虚假意思表示实施
  - ③ “俩坏人”：恶意串通损害他人合法权益
  - ④ “违法律”：原则上违反强制性规定或者违背公序良俗
- (3) 效力待定的民事法律行为
  - 成立时未生效，权利人追认生效；拒绝追认，则自始无效

事由	限制民事行为能力人依法不能独立实施	狭义无权代理实施
追认主体	法定代理人	被代理人
追认期间	相对人可以催告， 法定代理人在 30 日内予以追认	相对人可以催告， 被代理人在 30 日内予以追认
默示的推定	法定代理人 / 被代理人未作表示的，视为拒绝追认	
善意相对人的撤销权	民事法律行为被追认之前， 善意相对人有撤销的权利，撤销应当以通知的方式作出	

- (4) 可撤销的民事法律行为
  - 一经撤销，自始无效

事由	撤销权人	起算时点	行使期限	
重大误解	基于重大误解而为的行为方	知道或者应当知道撤销事由	90 日	最长除斥期间：发生之日起 5 年
显失公平	受损害方		1 年	
欺诈（第三人欺诈，恶意相对人方可撤销）	受欺诈方			
胁迫（第三人胁迫，均可撤销）	受胁迫方	胁迫行为终止		

笔记区

基本民事法律制度

民事法律行为

附条件和附期限

(1) 附条件（条件未必会成就）——不正当阻止视为已成就；不正当促成视为不成就

- ①特征
  - a. 将来发生
  - b. 不确定的事实
  - c. 当事人约定的条件
  - d. 条件合法
  - e. 条件是可能发生的事实
- ②类型
  - a. 附延缓（生效）条件 — 成就前法律行为已成立，效力处于停止状态；成就后发生法律效力
  - b. 附解除（消灭）条件 — 成就前已开始行使权利和承担义务；成就时权利和义务失去法律效力

(2) 附期限（期限一定会到来）

- ①特征 — 设定一定期限，且将期限的到来作为效力发生或消灭的前提
- ②类型
  - a. 附延缓期限 — 届至前不发生效力，届至时才发生法律效力
  - b. 附解除期限 — 届至时法律效力消灭

代理制度

概念与特征

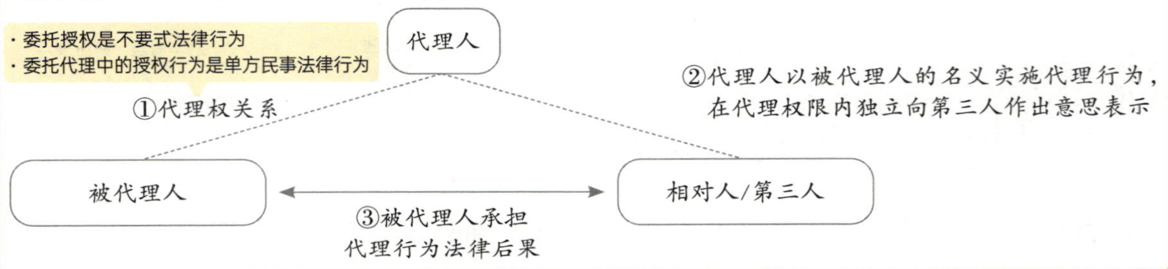

委托代理

(1) 代理权的滥用

行为	效力
自己代理	效力待定，被代理人同意或者追认的除外
双方代理	效力待定，被代理的双方同意或者追认的除外
代理人与相对人恶意串通	无效，代理人与相对人应当承担连带责任

(2) 无权代理

	狭义的无权代理	表见代理
情形 / 构成要件	①无代理权的代理行为。 ②超越代理权的代理行为。 ③代理权终止后的代理行为	①代理人无代理权。 ②相对人主观上为善意且无过失。 ③客观上存在使相对人相信无权代理人具有代理权的情形。 ④民事法律行为已成立
效力	效力待定。 ①被代理人表示追认 / 已开始履行义务，视为追认。 ②被代理人拒绝追认 / 未作出表示，转为无效民事法律行为	有效

诉讼时效制度

- 特点
  - (1) 诉讼时效届满不消灭债权人实体权利，只是让债务人产生抗辩权
    - ①“债权人还能告”：诉讼时效已过，债权人不丧失起诉权
    - ②“主张抗辩应驳回”：起诉后，债务人主张诉讼时效抗辩，法院确认诉讼时效届满，应驳回该诉讼
    - ③“法院假装不知道”
      - a. 当事人自行提出，法院不应主动提及
      - b. 一审未提，二审不能提，有新证据的除外
    - ④“同意履行不反悔”：一方向对方作出同意履行义务的意思表示或自愿履行义务后，不得以诉讼时效期间届满为由进行抗辩
  - (2) 诉讼时效具有强制性 — 由法律规定，当事人约定无效
- 不适用的情形
  - (1) 请求停止侵害、排除妨碍、消除危险
  - (2) 不动产物权和登记的动产物权的权利人请求返还财产
  - (3) 请求支付抚养费、赡养费、扶养费
  - (4) 支付存款本金及利息请求权
  - (5) 兑付国债、金融债券以及向不特定对象发行的企业债券本息请求权
  - (6) 基于投资关系产生的缴付出资请求权
- 诉讼时效与除斥期间

事项	诉讼时效	除斥期间
适用对象	债权请求权	形成权（如追认权、撤销权、解除权）
期间性质	可变期间，可以中止、中断、延长	不变期间，不可中止、中断、延长
主张	如义务人不主张抗辩权，法院不得主动援用诉讼时效抗辩的规则	法院查知除斥期间届满后，可以主动宣告相关权利消灭

- 种类

种类	起算时点	期间长度	
普通诉讼时效	权利人知道或者应当知道权利受到损害以及义务人之日	3年	最长诉讼时效：自权利受到损害之日起超过20年的，人民法院不予保护
特殊诉讼时效		4年	

因国际货物买卖合同和技术进出口合同争议提起诉讼或者申请仲裁

笔记区

基本民事法律制度

诉讼时效制度

各债权类型的诉讼时效起算时点

债权类型	诉讼时效起算时点
附条件 / 附期限	条件成就 / 期限届满之日
约定履行期限	清偿期届满之日；约定分期的，最后一期履行期限届满之日
未约定履行期限	（1）可以确定履行期限：履行期限届满之日。 （2）不能确定履行期限：债务人明确表示不履行义务之日 / 履行义务宽限期届满之日
请求他人不作为	权利人知道义务人违反不作为义务时
无 / 限制民事行为能力人对法定代理人的请求权	法定代理终止之日
未成年人遭受性侵害的损害赔偿请求权	受害人年满 18 周岁之日
国家赔偿	知道或者应当知道行为侵犯其人身权、财产权之日（被羁押等限制人身自由期间不计算在内）

中止与中断

	中止	中断
产生原因	一般为客观情况	一般为主观情况
事由	（1）不可抗力。 （2）无 / 限制民事行为能力人没有法定代理人，或者法定代理人死亡、丧失民事行为能力、丧失代理权。 （3）继承开始后未确定继承人或者遗产管理人。 （4）权利人被控制。 （5）其他导致权利人不能行使请求权的障碍	（1）权利人向义务人提出履行请求。 （2）义务人同意履行义务。 （3）权利人提起诉讼或者申请仲裁。 （4）与提起诉讼或者申请仲裁具有同等效力的其他事项： ①申请支付令。 ②申请破产、申报破产债权。 ③为主张权利而申请宣告义务人失踪 / 死亡。 ④申请诉前财产保全、诉前临时禁令等诉前措施。 ⑤申请强制执行。 ⑥申请追加当事人或者被通知参加诉讼。 ⑦在诉讼中主张抵销。 （5）其他发生诉讼时效中断的效果
诉讼时效影响	时效中止的原因消除后，诉讼时效始终剩 6 个月。 最长诉讼时效期间内，诉讼时效中止的持续时间没有限制	已进行的诉讼时效期间全部归于无效，诉讼时效期间重新计算

笔记区

第三章 物权法律制度

（考10分）

物权法律制度

概述

物

(1) 特点 — 有体性、可支配性、在人的身体之外

(2) 种类 —

分类		举例
禁止流通物		专属于国家所有的动产和不动产
限制流通物		文物、黄金、药品
自由流通物		绝大多数动产以及不动产中的房屋
不动产		土地、海域及房屋、林木等地上定着物
动产		手机、机器设备、车
可替代物		书、粮食
不可替代物		齐白石的画
消耗（费）物		粮食、金钱
非消耗（费）物		手机、车
可分物		牛肉、米、酒
不可分物		牛、汽车
主物		对于房屋，钥匙是从物；对于汽车，备胎是从物
从物		
原物		—
孳息	天然孳息	牛生的崽、鸡下的蛋、栗子树上掉下的栗子
	法定孳息	房屋的租金、存款的利息

物权

(1) 特点 — 支配性、排他性、绝对性

(2) 种类 —

物的归属	物权类型		物权能否独立存在
自物权（完全物权）	所有权		独立物权
他物权（限制物权）	用益物权（使用价值）	建设用地使用权	
		宅基地使用权	
		农村土地承包经营权、居住权	
		地役权	从物权
	担保物权（交换价值）	抵押权	
		质权	
		留置权	

- 基本原则
  - (1) 物权法定原则 — 物权种类、内容法定
  - (2) 物权客体特定原则（一物一权原则）
    - ①多人可共享一个物权
    - ②一物之上可设数个互不冲突的物权
  - (3) 物权公示原则
    - ①物权推定效力
      - a. 动产占有
      - b. 不动产登记
    - ②物权移转效力
      - a. 动产交付
      - b. 不动产登记
    - ③公信效力

物权变动

- 原因
  - (1) 基于法律行为 — 如物权行为
  - (2) 非基于法律行为

类型	举例	物权变动生效时间
事实行为	合法建造、拆除房屋	事实行为成就
法律规定	继承	继承开始
公法行为	法院、仲裁机构文书；政府征收决定	法律文书、征收决定生效

- 公示方式
  - (1) 动产
    - ①交付发生效力（船舶、航空器、机动车未经登记不得对抗善意第三人）
    - ②交付方式
      - a. 现实交付 — 交付时物权转让
      - b. 交付替代

类型	含义	物权转让时点
简易交付	动产物权设立和转让前，权利人已依法占有	法律行为生效时
指示交付	动产物权设立和转让前，第三人依法占有，通过转让请求第三人返还原物的权利代替交付	转让人与受让人之间有关转让返还原物请求权的协议生效时
占有改定	动产物权转让时，双方约定由出让人继续占有	约定生效时

笔记区

物权法律制度

- 物权变动
  - 公示方式
    - (2) 不动产
      - ①登记发生效力
      - ②登记类型
        - a. 首次登记——“从无到有”：不动产权利第一次登记
        - b. 转移登记——“从你到我”：不同主体之间发生转移
        - c. 变更登记——“从小变大”：不涉及权利转移
        - d. 注销登记——“从有到无”：不动产权利消灭
        - e. 更正登记与异议登记——“从错到对”
          - Ⅰ. 更正登记：权利人、利害关系人认为错误可申请
          - Ⅱ. 异议登记：权利人不同意更正，利害关系人可申请

            登记之日起 15 日内不起诉，异议登记失效
        - f. 预告登记
          - Ⅰ. 情形
            - · 预购商品房
            - · 以预购商品房设定抵押
            - · 房屋所有权转让、抵押
          - Ⅱ. 效果
            - · 未经预告登记的权利人同意处分该不动产的，不发生物权效力
            - · 债权消灭或自能够进行不动产登记之日起 90 日内未申请登记的，预告登记失效
- 共有
  - (1) 类型

维度		按份共有	共同共有
份额判断		约定→出资→等额	—
日常管理义务		约定→各共有人都有管理的权利和义务	
重大修缮、变更性质和用途 + 共有物处分		约定→2/3 以上份额同意	约定→全体一致同意
份额处分		自由处分权 + 其他按份共有人同等条件享有优先购买权	—
分割		约定→可以请求分割	原则上禁止分割→共有的基础丧失（如离婚）、有重大理由需要分割时可请求分割
		因分割对其他共有人造成损害的，应当给予赔偿	
债务承担	外部	①共有人享有连带债权，承担连带债务。 ②法律另有规定或第三人知道共有人不具有连带债权债务关系的除外	
	内部	①约定→按照份额享有债权、承担债务。 ②当对外承担债务超出应当承担的份额时，有权向其他共有人追偿	①约定→共同享有债权、承担债务。 ②对外承担债务后，共同共有人之间不能互相追偿

- 所有权
  - (2) 优先购买权
    - ①前提
      - a. 交易（对外转让）
      - b. 继承、遗赠、内部转让均不得主张优先购买，除非另有约定
      - c. 同等条件（转让价格、价款履行方式及期限等因素）
    - ②行使
      - a. 通知 — 应当将转让条件及时通知其他按份共有人
      - b. 期限
        - Ⅰ. 有约定，按约定
        - Ⅱ. 没约定，有通知
          - · 通知期限＞ 15 日，按通知期限
          - · 通知期限≤ 15 日或无期限，通知送达之日起 15 日
        - Ⅲ. 没约定，没通知
          - · 自知道或应当知道同等条件之日起 15 日
          - · 无法确定知不知道的，自共有份额权属转移之日起 6 个月
      - c. ≥ 2 个共有人主张：协商→转让时各自份额比例
      - d. 转让合同的效力：以优先购买权受到侵害为由，仅请求撤销合同或认定合同无效的，不予支持
- 善意取得（遗失物、盗窃物等不适用）
  - (1) 构成要件
    - ①无权处分
    - ②合理对价转让
    - ③动产已交付 / 不动产已登记（占有改定不适用）
    - ④受让人善意
      - a. 动产
        - Ⅰ. 交付后得知转让人无处分权，善意
        - Ⅱ. 交易的对象、场所或者时机等符合交易习惯，善意
      - b. 不动产 — 具备下列情形，不构成善意
        - Ⅰ. 登记簿存在有效的异议登记
        - Ⅱ. 预告登记有效期内，未经预告登记的权利人同意
        - Ⅲ. 登记簿上已记或依法裁定、决定查封或其他限制不动产权利事项
        - Ⅳ. 受让人知道登记簿上记载的权利主体错误
        - Ⅴ. 受让人知道他人已依法享有不动产物权
  - (2) 效果
    - ①善意受让人取得所有权，真权利人失去所有权
    - ②真权利人有权向无权处分之转让人请求损害赔偿

笔记区

物权法律制度

- 所有权
  - 动产特殊取得方式
    - (1) 先占 — 以所有权人的意思占有无主动产
    - (2) 拾得遗失物（发现埋藏物参照此规定）
      - ①拾得人
        - a. 义务 — 及时通知权利人领取或送交公安等有关部门
          - Ⅰ. 知道权利人→通知其领取
          - Ⅱ. 不知权利人→发布招领公告→1年内无人认领归国有
        - b. 权利
          - Ⅰ. 费用偿还请求权
          - Ⅱ. 悬赏广告允诺的报酬请求权
      - ②遗失人（原所有权人）— 权利
        - a. 请求损害赔偿 — 向无处分权人
        - b. 请求返还原物
          - Ⅰ. 自知道或应当知道受让人之日起2年内
          - Ⅱ. 受让人拍卖或向有资格经营者购得→遗失人支付费用→可向无处分权人追偿
    - (3) 添附（新物归属：约定→法律规定→充分发挥物的效用及保护无过错当事人的原则）

类型	物权归属		举例
附合	动产附合于不动产	不动产所有人取得	钢筋附合于房屋，房屋所有权人取得钢筋所有权
	动产附合于动产	主物所有人取得→按价值共有	①油漆漆于他人之木板（主物），由原木板所有权人单独取得漆后的木板所有权。 ②木板成箱，箱的所有权由各木板所有权人共有
混合	准用动产附合之规则		—
加工	加工改造价值不明显低于材料价值，加工者取得		①将他人木板加工为板凳，加工为板凳之人取得所有权。 ②在他人所有之物的表面进行书写、素描、绘画、印刷、雕刻等劳作行为，进行创作行为之人取得所有权

- 用益物权
  - 类型
    - (1) 土地承包经营权
    - (2) 地役权
      - 合同生效设立，登记对抗
    - (3) 建设用地使用权
    - (4) 居住权
      - 登记生效
    - (5) 宅基地使用权
  - 建设用地使用权——取得
    - (1) 创设取得

类型		适用情况	期限	程序
无偿划拨	可以划拨	①国家机关用地和军事用地。 ②城市基础设施用地和公益事业用地。 ③国家重点扶持的能源、交通、水利等项目用地	无限制	县级以上人民政府依法批准
	不得划拨	用于商业开发的建设用地	—	—

续表

类型	适用情况	期限	程序
有偿出让	除上述无偿划拨情形外，建设单位使用国有土地的，应向国家支付土地使用权出让金	① 70 年：居住用地。 ② 50 年：工业用地、“科教文卫体”用地、综合或其他。 ③ 40 年：商业、旅游、娱乐用地。 提示：居住用地期满自动续期，其他用地届满前 1 年申请续期	优先采取拍卖、招标等公开竞价方式，也可采用双方协议的方式

- (2) 移转取得
  - ①期限 — 约定，但不得超过使用权剩余期限
  - ②转让条件
    - a. 无偿划拨方式取得 — 转用审批→办理手续并缴纳出让金
    - b. 出让方式取得
      - Ⅰ. 对价付讫：按约定已支付全部土地使用权出让金
      - Ⅱ. 开发到位：按约定进行投资开发，属于房屋建设工程→完成开发投资总额≥ 25%；属于成片开发→形成工业用地或者其他建设用地条件
      - Ⅲ. 产权清晰：取得土地使用权证书；转让时房屋已经建成的，还应持有房屋所有权证书

“房地一体原则”

集体土地的建设使用
- (1) 农田转建设用地
  - ①永久基本农田：由国务院批准
  - ②其他农田：办理农用地转用审批
- (2) 集体经营性建设用地
  - ①一般情况 — 经依法征收转为国有土地后可有偿出让，另有规定的除外
  - ②特殊情况
    - a. 处理：规划为经营性用途并依法登记 + 村民（会议）代表≥ 2/3 同意
    - b. 可以转让、互换、出资、赠与或者抵押，另有约定的除外

担保物权
- 特征
  - (1) 从属性
  - (2) 附条件性
  - (3) 优先受偿性 — 当债务人不履行到期债务或发生当事人约定的实现担保物权情形时，担保物权人可就担保物变价后的价金优先于普通债权人得到清偿
  - (4) 不可分性
  - (5) 物上代位性 — 担保期间，担保财产毁损、灭失或被征收，担保物权人可就获得的保险金、赔偿金或补偿金等优先受偿
- 担保范围
  - (1) 抵押权和质权的担保范围，约定→全额担保（主债权及其利息、违约金、损害赔偿金、保管担保财产和实现担保物权的费用）
  - (2) 留置权的担保范围是全额担保

担保物权所得价款清偿债务顺序：担保物权费用＞主债权利息＞主债权

物权法律制度

担保物权

抵押权

(1) 范围

①抵押范围及抵押权生效要件

a.

抵押范围	抵押权的设立	抵押权生效要件	实现的限制
动产	一般动产	合同生效设立，登记对抗	对抗例外：无论登记与否，不得对抗正常经营活动中已支付合理价款并取得抵押财产的买受人
动产浮动抵押	现有及将有的生产设备、原材料、半成品、产品		
不动产	地：建设用地使用权；土地经营权（合同生效，登记对抗）。 房：建筑物、正在建造的建筑物和其他土地附着物。 海：海域使用权	登记	Ⅰ．拍卖划拨的国有土地使用权所得：缴纳土地出让金＞抵押权人优先受偿。 Ⅱ．建筑工程承包人工程价款优先受偿＞抵押权和其他债权

b. 房地一体原则

Ⅰ．“房随地走”：建设用地使用权抵押的
- 及于已有建筑物及正在建造的建筑物已完成部分
- 不及于新增部分，但一并处分

Ⅱ．“地随房走”：建筑物抵押的，及于占用范围内的建设用地使用权

c. 特殊规定

事项	抵押物效果
抵押后，抵押财产被添附	添附物归第三人所有：物上代位性。 添附物归抵押人所有：抵押权及于添附物，不及于增值部分。 添附后共有：抵押权及于共有份额
从物	产生于抵押权设立前：抵押权及于从物，除另有规定外。 产生于抵押权设立后：抵押权不及于从物，但可一并处分
以违法的建筑物抵押	抵押合同无效，一审法庭辩论终结前办理合法手续的除外

②不得抵押
- a. 土地所有权
- b. 宅基地、自留地、自留山等集体所有土地
- c. 为公益目的成立的非营利法人的教育设施、医疗卫生设施和其他公益设施
- d. 所有权、使用权不明或有争议的
- e. 被查封、扣押、监管的

(2) 双方的权利义务

①流押合同之禁止 — 抵押权人在债务履行期限届满前，与抵押人约定债务人不履行到期债务时抵押财产归债权人所有的，只能依法就抵押财产优先受偿

②保全 — 抵押人的行为使抵押财产价值减少的，有权要求恢复或提供相应的担保，否则抵押权人有权请求债务人提前清偿债务

③孳息收取权 — 债务人不履行到期债务 / 发生当事人约定实现抵押权的情形，致使抵押财产被依法扣押的，债权人自扣押之日起有权收取（需通知法定孳息义务人）

- ④处分限制
  - a. 抵押物所有权转让，不影响抵押权存续
  - b. 抵押人转让抵押物，应通知抵押权人
  - c. 抵押权人能证明转让损害抵押权的，可请求抵押人将转让所得价款提前清偿债务或提存
  - 未约定禁止转让，抵押人有权处分抵押物
- ⑤抵押与租赁 — “在后抵押不破在先租赁”

- (3) 动产抵押权人的超级优先权 — 动产抵押担保的主债权是抵押物的价款，标的物交付后 10 日内办理抵押登记的，该抵押权人优先于抵押物买受人的其他担保物权人受偿，但是留置权人除外
- (4) 最高额抵押
  - ①概述 — 协议在最高额限度内，以抵押物对一定期间内连续发生的债权作担保。若债务人不履行或发生约定实现抵押权的情形，抵押权人有权在最高债权额限度内就担保财产优先受偿
  - ②从属性与不可分性 — 债权确定前，债权可转让，但最高额抵押权不得转让，当事人另有约定的除外
  - ③抵押权人的债权确定
    - a. 约定的债权确定期间届满
    - b. 债权期间不明确，抵押权人或抵押人自最高额抵押权设立之日起满 2 年后请求确定债权
    - c. 新的债权不可能发生
    - d. 抵押权人知道或应当知道抵押财产被查封、扣押
    - e. 债务人、抵押人被宣告破产或解散
  - ④设立前已存在的债权 — 经当事人同意，可转入最高额抵押担保的债权范围

质权

- (1) 设立
  - ①客体及成立条件
    - a. 动产质押 — 交付生效
    - b. 权利质押
      - Ⅰ. “三票三单一券”
        - 有权利凭证→交付设立
        - 无权利凭证→登记设立
      - Ⅱ. 应收账款 / 可转让基金份额、股权 / 可转让知识产权的财产权→登记设立
  - ②形式 — 书面
- (2) 双方的主要权利和义务
  - ①孳息收取权 — 约定→质权人有权收取，应先充抵收取孳息的费用
  - ②保管、返还义务
    - a. 质权人负妥善保管义务，保管不善应赔偿
    - b. 债权提前清偿，质权人应返还质物
  - ③保全 — 不能归责于质权人的事由使质押财产价值减少，足以危害质权人权利的，质权人有权要求提供担保
  - ④处分限制
    - a. 对质权人→未经出质人同意，造成损害应赔偿
    - b. 对出质人→不得转让质物，除非经质权人同意，否则提前清偿债务或提存

笔记区

物权法律制度

- **担保物权**
  - 留置权
    - (1) 设立
      - ①客体 — 动产
      - ②形式 — 书面或口头
      - ③成立条件
        - a. 债权人合法占有债务人或第三人之动产
        - b. 债权已届清偿期
        - c. 动产之占有与债权属同一法律关系，企业间商事留置的除外
        - d. 未特约排除留置权
    - (2) 双方的权利义务
      - ①孳息收取权 — 留置权人有权收取，应先充抵收取孳息的费用
      - ②保管义务 — 留置权人负有妥善保管义务，保管不善应赔偿
      - ③通知义务
        - a. 留置权人应通知债务人履行债务
        - b. 履行期限：约定→应给予 60 日以上的履行期限（鲜活易腐不易保管的除外）
        - c. 未通知直接处分：造成损失应赔偿
  - 让与担保
    - (1) 所有权的效力
      - ①债务人或第三人与债权人约定将财产形式上转移至债权人名下，债务人不履行到期债务，债权人有权对财产进行折价或以拍卖、变卖该财产所得价款偿还债务的，人民法院应认定该约定有效
      - ②当事人已完成财产权利变动的公示，债务人不履行到期债务，债权人请求就该财产优先受偿的，人民法院应予支持
      - ③当事人所转移的所有权并非真正意义上的所有权，而是仅具有担保功能的所有权（形式上的受让人并不享有对财产的全面支配权，而只享有就该财产进行变价、优先受偿的权利）
    - (2) 流质的禁止
      - ①当事人已完成财产权利变动的公示，债务人不履行到期债务，债权人请求对该财产享有所有权的，人民法院不予支持
      - ②在债务人不履行到期债务时，债权人不能直接获得真正的所有权，而只能对财产进行合理折价，或者以拍卖、变卖该财产所得的价款优先受偿
  - “一物多保”效力顺序 — 留置权＞超级优先抵押权＞抵押权登记和质押看先后顺序＞未登记抵押权
    - 抵押与抵押并存：（1）已登记优于未登记；（2）已登记，按先后；（3）未登记：按债权比

笔记区

第四章 合同法律制度 （考 14 分）

合同法律制度

合同的基本理论

分类

分类标准	类型	说明	举例
立法上是否规定了确定的名称与调整规则	有名合同	立法上规定了确定名称与规则的典型合同	买卖 / 赠与 / 借款 / 租赁合同
	无名合同	立法上未确定名称与规则	—
合同当事人是否相互负有对价义务	单务合同	仅有一方当事人承担义务	赠与合同
	双务合同	双方当事人互负对价义务	买卖合同、承揽合同、租赁合同
根据合同成立除当事人的意思表示以外，是否还要其他现实给付为标准	诺成合同	意思表示一致即可	赠与合同、质押合同
	实践合同	意思表示一致 + 现实给付行为	保管 / 定金 / 自然人之间的借贷合同

合同的相对性

（1）原则：合同主体 / 内容 / 责任仅约束合同当事人，不及于第三人。第三人不履行债务，债务人仍应向债权人承担违约责任

（2）例外：特殊情况下合同相对性可以突破，如合同的保全，“买卖不破租赁”

要约

（1）vs 要约邀请

- ①要约 — 内容具体确定 + 经受要约人承诺，要约人即受该意思表示约束
  - 例外：悬赏广告，视为要约
- ②要约邀请
  - a. 拍卖公告、招标公告、招股说明书、债券募集办法、基金招募说明书、商业广告和宣传、寄送的价目表等
  - b. 商品房的销售广告和宣传资料
    - 就房屋及相关设施所作的说明和允诺具体确定，并对商品房买卖合同的订立以及房屋价格的确定有重大影响的，视为要约

（2）撤回 vs 撤销

区别	要约的撤回	要约的撤销
目的	阻止要约的生效	让生效的要约失效
时间	要约发出后、生效前	要约生效后、承诺前
条件	撤回要约的通知应当在要约到达受要约人之前或者与要约同时到达受要约人（即要约生效前）	撤销要约的通知应当在受要约人发出承诺通知之前到达受要约人（即承诺发出前）
限制	—	下列情形下的要约不得撤销： ①要约人以确定承诺期限或其他形式明示要约不可撤销。 ②受要约人有理由认为要约是不可撤销的，并已经为履行合同做了合理准备工作

- 订立
  - 承诺
    - (1) 承诺期限
      - ①要约确定的期限，承诺期限的起算
        - a. 要约以信件 / 电报方式作出——信件载明日期 / 电报交发之日
        - b. 要约信件未载明日期——投寄信件的邮戳日期
        - c. 要约以电话、传真、电子邮件方式作出——要约到达受要约人时
      - ②要约无确定期限，承诺按规定到达
        - a. 要约以对话方式作出——承诺即时作出
        - b. 要约以非对话方式作出——承诺应在合理期限内到达
    - (2) 内容 — 原则上与要约内容一致，但受要约人对要约的内容作出实质变更的，为新要约
    - (3) 撤回 — 承诺的撤回只有在承诺到达之前或与承诺同时到达，才发生撤回效力

      承诺到达就生效，合同成立。因此，承诺不存在撤销的问题，只可撤回
    - (4) 迟延 vs 迟到

项目	迟延承诺（迟发迟到）	迟到承诺（准发迟到）
一般情形	受要约人超过承诺期限发出承诺，或者在承诺期限内发出承诺，按照通常情形不能及时到达要约人的，为新要约	受要约人在承诺期限内发出承诺，按照通常情形能够及时到达要约人，但是因其他原因使承诺到达要约人时超过承诺期限的，承诺有效，合同成立
例外情形	要约人及时通知受要约人该承诺有效的，承诺有效	要约人及时通知受要约人因承诺超过期限不接受该承诺，则不发生承诺效力（新要约）

  - 合同成立时间与地点 — 约定→
    - (1) 大部分合同承诺生效时成立 — 承诺生效地
    - (2) 合同书形式订立，自当事人均签字、盖章或按指印时成立 — 最后签名、盖章或按指印的地点
    - (3) 信件、数据电文等形式订立，自签订确认书时成立 — 主营业地→住所地

      一方当事人履行了主要义务，对方接受的，合同仍成立
  - 条款
    - (1) 格式条款（如在银行办理开户业务、在营业厅办理手机套餐）
      - ①定义 — 一方当事人为订立合同重复使用而单方预先拟定，并在订立时不许对方协商变更的条款
      - ②提示义务
        - a. 提供格式条款的一方应遵循公平原则确定权利义务并以合理方式提示与对方有重大利害关系的条款，并负举证责任
        - b. 提供格式条款的一方未履行提示或者说明义务，致使对方没有注意或者理解与其有重大利害关系的条款的，对方可以主张该条款不成为合同的内容（变）
      - ③无效事由
        - a. 具有《中华人民共和国民法典》规定的合同无效情形
        - b. 免责条款无效的情形
        - c. 提供一方不合理免除或减轻其责任、加重对方责任、限制对方主要权利
        - d. 提供一方排除对方主要权利
      - ④解释
        - a. 对格式条款的理解发生争议，应按字面含义及通常理解予以解释
        - b. 对格式条款有两种以上解释，应作出不利于提供格式条款一方的解释
        - c. 格式条款和非格式条款不一致，应采用非格式条款

合同法律制度

订立

条款

- （1）格式条款 — ⑤认定
  - a. 合同中载明“本合同不属于格式条款”，该约定是无效的
  - b. 当事人一方采用第三方起草的合同示范文本制作合同的，只要不允许对方协商修改，仍然属于格式条款
  - c. 经营者仅以未实际重复使用为由主张其预先拟定且未与对方协商的合同条款不是格式条款的，不应予以支持
  - 核心标准：不容许对方磋商修改条款内容
- （2）免责条款
  - ①定义 — 指合同当事人在合同中规定的排除或限制一方当事人未来责任的条款
  - ②无效事由
    - a. 造成对方人身伤害
    - b. 因故意或者重大过失造成对方财产损失

缔约过失责任

- （1）定义 — 当事人因故意或过失致使合同未成立 / 未生效 / 无效 / 被撤销，给他人造成损失而应承担的损害赔偿责任
- （2）适用情形
  - ①假借订立合同，恶意进行磋商
  - ②故意隐瞒与订立合同有关的重要事实或提供虚假情况
  - ③泄露或不正当地使用商业秘密或其他应保密信息
- （3）vs 违约责任

责任类型	责任产生的时间	适用范围	赔偿范围
缔约过失责任	合同成立之前	合同未成立 / 未生效 / 无效 / 被撤销	信赖利益损失
违约责任	合同生效之后	生效合同	可期待利益损失

可期待利益损失通常＞信赖利益损失

合同生效

一般情况的合同

- 依法成立的合同，原则上自成立时生效

法律、行政法规规定应办理批准的合同

- （1）依照规定办理批准手续后生效
- （2）合同获得批准前，当事人一方起诉请求对方履行合同约定的主要义务，经释明后拒绝变更诉讼请求的，人民法院应当判决驳回其诉讼请求
- （3）负有报批义务的当事人不履行报批义务或者履行报批义务不符合约定或法律法规的规定，对方有权分别提出如下诉讼请求
  - ①请求继续履行报批义务
  - ②解除合同并请求承担违反报批义务的赔偿责任
  - ③在人民法院判决当事人一方履行报批义务后，仍不履行的，对方可主张解除合同并参照违反合同的违约责任请求其承担赔偿责任
  - ④在因迟延履行报批义务等可归责于当事人的原因导致合同未获批准时，对方可以请求赔偿因此受到的损失

履行

约定不明时的履行规则

合同生效后，可协议补充→按照合同相关条款或交易习惯确定→按下列规则确定

约定不明事项	规则
质量要求	强制性国家标准→推荐性国家标准→行业标准→通常标准或符合合同目的的特定标准
价款报酬	（1）按订立合同时履行地的市场价格履行。 （2）依法应当执行政府定价或者政府指导价的，按规定履行
履行地点	（1）给付货币的，在接受货币一方所在地履行。 （2）交付不动产的，在不动产所在地履行。 （3）其他标的，在履行义务一方所在地履行
履行期限	债务人，债权人均可随时请求履行，但应给对方必要的准备时间
履行方式	按照有利于实现合同目的的方式履行
履行费用的负担	（1）由履行义务一方负担。 （2）因债权人原因增加的履行费用，由债权人负担

第三人代为履行

（1）债务人不履行债务，第三人对履行该债务具有合法利益的，第三人有权向债权人代为履行；但是，根据债务性质、按照当事人约定或者依法律规定只能由债务人履行的除外

（2）债权人接受第三人履行后，其对债务人的债权转让给第三人，但是债务人和第三人另有约定的除外

电子合同履行

（1）快递：收货人的签收时间

（2）服务：电子或实物凭证中载明的时间→实际提供服务时间

（3）软件：进入对方指定系统且能检索识别的时间

按份之债与连带之债

情形	按份之债	连带之债
债务	债务人≥2人，标的可分，按照份额各自负担债务	债务人≥2人，债权人可请求部分或全部债务人履行全部债务
重要规定	按份债务人的份额难以确定的，视为份额相同	（1）对外：债权人有权请求任何一个或几个连带债务人清偿全部债务。 （2）对内：连带债务人之间可以约定承担债务的份额。某连带债务人可就实际超额清偿部分向其他连带债务人追偿。连带债务人间的份额难以确定的，视为份额相同

笔记区

合同法律制度

履行

双务合同履行中的抗辩权

类型	有权主张方	适用情形
同时履行抗辩权	合同双方	双方当事人应同时履行义务，一方在对方未履行前，有拒绝对方请求自己履行合同的权利
先履行抗辩权	后履行一方	当事人互负债务，有先后履行顺序，先履行一方未履行 / 履行债务不符合约定的，后履行一方有权拒绝其履行要求
不安抗辩权	先履行一方	应先履行义务的一方当事人有确切证据证明相对人财产明显减少或欠缺信用，不能保证对待给付时，有暂时中止履行合同的权利

情势变更

(1) 合同基础条件发生重大变化原因

- ①不可抗力
- ②其他不可归责于双方当事人事由（如施工过程遇到难以预见的复杂地质，继续履行会造成成本增加数倍）

无法预见的，不属于商业风险的重大变化

(2) 构成情事变更时，当事人负有重新协商义务

(3) 当事人请求变更合同的，人民法院不得解除合同；当事人一方请求变更合同，一方请求解除合同的，人民法院应结合案件的实际情况，根据公平原则判决变更或解除合同

合同的保全之代位权 VS 撤销权

维度	代位权	撤销权
行使条件	(1) 债权合法。 (2) 债务人怠于（不诉不裁）行使其到期债权或与该债权有关的从权利，影响债权人实现到期债权。 (3) 债务人与债权人的债权均到期。 (4) 债务人的债权不是专属于自身的债权	(1) 债权人须以自己的名义行使。 (2) 债权人对债务人存在有效债权（到期与否不影响）。 (3) 债务人实施了减少财产的处分行为。 (4) 债务人的处分行为有害于债权人债权的实现。 (5) 债权人在法定期限内主张撤销权
行使范围	以债权人的到期债权为限	以债权人的债权为限
法律效果	(1) 次债务人向债权人履行清偿义务。 (2) 两组债权债务关系的相应权利义务终止	债务人的处分行为即归于无效，债权人就撤销权行使的结果无优先受偿权
行使程序	诉讼	
原告	债权人（以自己的名义）	
被告	次债务人	债务人和相对人
第三人	债务人	—
诉讼费负担	次债务人	
其他必要费用	债务人	
管辖	次债务人住所地人民法院（专属管辖除外）	债务人或相对人住所地人民法院

（1）专属于自身的债权包括：抚养费、赡养费或者扶养费请求权；人身损害赔偿请求权；劳动报酬请求权，但是超过债务人及其所扶养家属的生活必需费用的部分除外；请求支付基本养老保险金、失业保险金、最低生活保障金等保障当事人基本生活的权利。

（2）减少财产的处分行为包括：放弃债权、担保或恶意延长到期债权履行期；无偿转让财产；以明显不合理低价转让或以明显不合理高价受让他人财产，或为他人债务提供担保，并且相对人知道或应当知道该情形。

（3）撤销权的行使时间：撤销权应当自债权人知道或者应当知道撤销事由之日起 1 年内行使；自债务人的行为发生之日起 5 年内没有行使撤销权的，该撤销权消灭。

担保 — 保证

（1）保证合同

①性质 — 单务合同、无偿合同、诺成合同、要式合同、从合同

②合同形式
- a. 保证合同可以是单独订立的书面合同
- b. 保证合同也可以是主债权债务合同里的保证条款
- c. 第三人单方以书面形式向债权人作出保证，债权人接收且未提出异议的，保证合同成立

③担保合同无效的责任承担

维度	情形	债权人有过错	债权人无过错
主合同有效，担保合同无效	担保人有过错	担保人承担的赔偿责任不应超过债务人不能清偿部分的 1/2	担保人对债务人不能清偿的部分承担赔偿责任
	担保人无过错	担保人不承担赔偿责任	—
主合同无效导致担保合同无效	担保人有过错	担保人承担的赔偿责任不应超过债务人不能清偿部分的 1/3	
	担保人无过错	担保人不承担赔偿责任	

（2）保证人资格
- ①主债务人不得同时为自身保证人
- ②机关法人不得为保证人，经国务院批准转贷除外
- ③以公益为目的的非营利性学校、幼儿园、医疗机构、养老机构等非营利法人、非法人组织原则上不得为保证人

（3）保证方式

维度	一般保证	连带责任保证
含义	债务人不能履行债务时，由保证人承担保证责任的保证	保证人和债务人对债务承担连带责任的保证
是否享有先诉抗辩权	享有先诉抗辩权。不得行使先诉抗辩权的情形： ①债务人下落不明且无财产可供执行。 ②人民法院已受理债务人破产案件。 ③债权人有证据证明债务人的财产不足以履行全部债务或丧失履行债务能力。 ④保证人书面表示放弃先诉抗辩权	无先诉抗辩权
保证方式	约定→没有约定或约定不明确的，按一般保证承担	

合同法律制度

- 担保
  - 保证
    - (4) 保证责任
      - ①保证范围 — 约定→全额保证（主债权及利息、违约金、损害赔偿金、实现债权的费用）
      - ②保证期间 — 约定→为主债务履行期届满之日起 6 个月（不发生中止、中断和延长）
        - a. 约定保证期间早于或同时与主债务履行期限届满的，视为没有约定
        - b. 约定保证人承担保证责任直至主债务本息还清为止，视为约定不明
      - ③保证债权

维度	确定保证债权	诉讼时效起算
一般保证责任	债权人在保证期间届满前对债务人提起诉讼或者申请仲裁	从保证人拒绝承担保证责任的权利消灭之日起
连带责任保证	债权人在保证期间届满前请求保证人承担保证责任	从债权人请求保证人承担保证责任之日起

      - ④主合同变更与保证责任承担

变动方式	保证人责任
变更主债期限	未经保证人书面同意的，保证期间不受影响
主债债权转让	a. 未通知保证人，对保证人不发生效力。 b. 约定禁止转让后，未经同意转让，保证人不再承担保证责任
主债债务转让	a. 保证人对未经保证人书面同意转移的债务不再承担保证责任，但是债权人和保证人另有约定的除外。 b. 第三人加入债务的，保证人的保证责任不受影响
主债内容变更	a. 减轻债务→保证人按减轻后的承担 b. 加重债务→承担原有部分，加重的部分不承担

      - ⑤保证人的追偿权 — 保证人承担责任后，约定→有权在承担责任范围内向债务人追偿，享有债权人对债务人的权利，但不得损害债权人的利益
    - (5)“一债多保”
      - ①人保＋人保（共同保证）
        - a. 按份共同保证 — 保证人与债权人约定按份额对主债务承担保证义务的共同保证
        - b. 连带共同保证 — 各保证人约定均对全部主债务承担保证义务
      - ②人保＋物保（共同担保） — 顺序→约定→无约定或约定不明
        - a. 债务人提供物保：先物保，不足清偿部分人保
        - b. 第三人提供物保：无顺序要求。先承担担保责任的只可向债务人追偿

（1）生效时间 —— 交付定金之日起

定金

（2）法定效力

- ①物权转移 — 定金交付，所有权即转移（定金合同为实践合同）
- ②有效金额 — 不得超过主合同标的额的 20%；超过部分无效
- ③定金罚则
  - a. 给付定金一方不履行约定债务的，无权要求返还定金
  - b. 收受定金的一方不履行约定债务的，应当双倍返还定金
- ④“双金择一” — 同一合同中，既约定违约金又约定定金的，一方违约时，只能选其一适用，不能要求同时适用
- ⑤实质生效 — 当事人约定以交付定金作为合同成立或生效条件，应交付定金的一方未交付定金，但合同主要义务已履行完毕并为对方所接受的，人民法院应认定合同在对方接受履行时已成立或者生效
- ⑥部分履约 — 当事人一方已部分履行合同，对方接受并主张按照未履行部分所占比例适用定金罚则的，人民法院应予支持。对方主张按照合同整体适用定金罚则的，人民法院不予支持，但是部分未履行致使不能实现合同目的的除外
- ⑦双方违约 — 双方当事人均具有致使不能实现合同目的的违约行为，其中一方请求适用定金罚则的，人民法院不予支持。当事人一方仅有轻微违约，对方具有致使不能实现合同目的的违约行为，轻微违约方可以主张适用定金罚则

变更与转让

内容变更 — 双方协商一致可变更，除另有约定外，仅对变更后未履行的部分有效，对已履行部分无溯及力

债权转让与债务承担

维度	债权转让	债务承担（债务移转）
条件	（1）无须债务人同意，但应通知债务人，未经通知，该转让对债务人不发生效力。 （2）通知不得撤销，但经受让人同意的除外	（1）应经债权人同意。 （2）催告后债权人未作表示的，视为不同意
效果	（1）对债权人（让与人）： ①全部转让：受让人取代原债权人。 ②部分转让：原债权人就转让部分丧失债权。 （2）对受让人： 受让人取得与债权有关的从权利，专属于债权人自身的除外（受让人取得从权利不因未办理转移登记或未转移占有而受影响）。 （3）对债务人： ①债务人接到通知后，转让范围内以受让人为债权人。 ②债务人对让与人的抗辩可向受让人主张	（1）新债务人可主张原债务人对债权人的抗辩。 （2）新债务人应承担与主债务有关的从债务，专属于原债务人自身的除外

债权不得转让的情形：根据合同性质不得转让；按当事人约定不得转让；依法律规定不得转让。

债权债务的概括移转
- （1）意定 — 基于转让合同方式进行（一方经对方同意可将自己的权利义务通过合同转给第三人）
- （2）法定 — 因法律事实的发生导致（如：合同当事人合并或分立）

合同法律制度

终止

- 原因
  - (1) 履行完毕
    - ①债务已履行（清偿）
    - ②债务人依法将标的物提存（变相的履行）
  - (2) 无须履行
    - ①合同解除
    - ②债务相互抵销
    - ③债权人免除债务
    - ④债权债务同归于一人（混同）
- 依约履行（清偿）
  - (1) 顺序 — 不足清偿全部债务时的清偿顺序为：实现债权有关费用→利息→主债务
  - (2) 代物清偿
    - ①经债权人同意并受领替代物清偿的，也能产生清偿效果
    - ②是实践合同，在债务人交付替代物后，代物清偿合同成立，同时原债务消灭
  - (3) 以物抵债
    - ①以物抵债协议生效后，债务人应当履行该协议中约定的义务，一经履行，原债务消灭
    - ②债务人不履行以物抵债协议，且经催告后在合理期限内仍不履行的，债权人享有替代权，即有权请求债务人履行原债务，替代以物抵债协议中的债务
    - ③债权人行使替代权的，债务人应当履行原债务；债权人不行使替代权，仍请求债务人履行以物抵债协议的，债务人应当履行以物抵债协议
- 提存
  - (1) 原因
    - ① “拒绝受领”：债权人无正当理由拒绝受领
    - ② “下落不明”：债权人下落不明
    - ③ “死亡失能”：债权人死亡未确定继承人、遗产管理人，或丧失民事行为能力未确定监护人
  - (2) 法律效果
    - ①提存后视为在其提存范围内履行债务，但应及时通知
    - ②提存物上的利益和风险一并转移
      - a. 提存期间孳息→债权人所有
      - b. 提存后毁损灭失风险→债权人承担
      - c. 提存费用→债权人负担
    - ③债权人领取受限
      - a. 期间限制 — 自提存之日起 5 年内不行使则消灭→提存物扣除提存费用后归国家所有（该期间不得中止、中断或延长）
      - b. 履约限制
        - Ⅰ. 原则上，债权人可随时领取，但债权人未履行到期债务或提供担保前，提存部门根据债务人的要求应拒绝其领取提存物
        - Ⅱ. 债权人未履行到期债务或书面放弃提存权利，债务人负担提存费用后可取回提存物
- 解除
  - (1) 分类
    - ①意定
      - a. 约定解除权 — 约定解除合同事由，一旦发生该事由，解除权人可行使解除权而终止合同
      - b. 附解除条件 — 约定合同解除条件，一旦条件成就，合同自动生效
      - c. 协议解除 — 以新合同解除旧合同，经当事人协商一致，当然可以解除合同
    - ②法定
      - a. 因不可抗力不能实现合同目的，双方均可解除
      - b. 一方迟延履行义务或违约致使不能实现合同目的，守约方有权解除
      - c. 履行期限届满前，一方明确表示或以自己的行为表明不履行主要义务，对方有权解除
      - d. 一方迟延履行主要债务，经催告后合理期限内仍未履行，守约方有权解除

- (2) 特殊事由
  - ①以持续履行的债务为内容的不定期合同可随时解除，但应在合理期限前通知对方
  - ②承揽合同中，定作人在承揽人完成工作前可随时解除合同
  - ③货运合同中，托运人有单方解除权
  - ④无偿委托合同和部分有偿委托合同中，双方均有权随时解除合同
  - （②～④）解除方应赔偿对方相应的损失
- (3) 消灭期限 — 约定届满不行使则消灭→解除权人知道或应当知道解除事由 1 年内不行使或经催告后合理期限内不行使，该权利消灭
- (4) 行使方式
  - ①通知
    - a. 到达
    - b. 载明一定期限内债务人不履行债务则自动解除的，债务人未履行合同自期限届满时解除
  - ②诉讼或仲裁 — 自起诉状副本或者仲裁申请书副本送达对方时解除
- (5) 法律后果

情形	结果
解除后尚未履行	终止履行
解除后已履行	根据履行情况和合同性质，当事人可要求恢复原状，采取其他补救措施，并有权要求赔偿损失
因违约解除	解除权人可请求违约方承担违约责任，但当事人另有约定的除外
主合同解约	担保人对债务人应承担的民事责任仍应当承担担保责任，但是担保合同另有约定的除外

抵销
- (1) 法定抵销
  - ①条件
    - a. 双方互负债务，互享债权
    - b. 双方债务的给付为同一种类
    - c. 对方的债务已届清偿期（未到期的债务人可主张抵销）
    - d. 双方的债务均为可抵销的债务
  - ②生效：抵销通知到达对方时生效
  - ③限制：不得附条件或附期限
- (2) 约定抵销 — 当事人互负债务，标的物种类、品质不相同的，经双方协商一致，可抵销

免除与混同
- (1) 免除 — 债权人免除债务人部分或者全部债务的，债权债务部分或全部终止，但债务人在合理期限内拒绝的除外
- (2) 混同 — 债权和债务同归于一人时，债权债务终止，但损害第三人利益的除外

违约责任

继续履行
- (1) 金钱之债一定可以要求继续履行
- (2) 不可要求继续履行情形
  - ①法律上或事实上不能履行
  - ②债务的标的不适于强制履行或者履行费用过高
  - ③债权人在合理期限内未要求履行

补救措施 — 当事人的履行不符合约定的，受损害方根据标的性质以及损失大小，可合理选择请求对方承担修理、重作、更换、退货、减少价款或报酬等违约责任

合同法律制度

违约责任

损害赔偿

- (1) 赔偿损失 — 因违约所造成的损失，包括合同履行后可以获得的利益，但不得超过违约方订立合同时预见到或应当预见到因违反合同可能造成的损失
- (2) 支付违约金 变

类别	赔偿性违约金	惩罚性违约金
目的	填补当事人可能遭受的损失	为了迫使对方当事人严格履行义务
调整标准	①应当以当事人遭受的实际损失为基准。 ②约定的违约金超过造成损失的30%的，一般可以认定为过分高于造成的损失	只有在违约金数额与当事人施加压力的目的相比显著不合比例时才应该予以调整（例如：在上市公司与其高级管理人员之间，就保密义务约定 10 万元违约金，并不需要减少）
恶意违约	①恶意违约：有能力履行合同的一方当事人故意违约，进而给对方当事人造成损失。 ②无论是赔偿性违约金还是惩罚性违约金，恶意违约的当事人一方请求减少违约金的，一般不予支持	

- (3) 适用定金罚则 — 定金不足以弥补损失的，对方可请求赔偿超过定金部分的损失，但赔偿数额总和≤损失
- (4) 过失相抵规则
  - ①没有采取适当措施致使损失扩大的，不得就扩大的损失请求赔偿
  - ②对方对损失的发生有过错的，可减少相应的损失赔偿
- (5) 法定免责事由 — 自然灾害；政府行为；社会异常现象

仅限不可抗力

买卖合同

性质与形式

- (1) 双务、有偿、诺成
- (2) 除法律有特别规定或特别约定外的，为非要式合同

交付的地点

有约定按约定，无约定或约定不明确，按有关规定仍不能确定的，适用表中规则

标的物情况	规则
需运输	出卖人应当将标的物交付给第一承运人以运交给买受人
无须运输	(1) 出卖人和买受人订立合同时知道标的物在某一地点的，出卖人应在该地点交付标的物。 (2) 不知道标的物在某一地点的，应在出卖人订立合同时的营业地交付标的物

“一物数卖” 变

- (1) 效力 — 合同均有效
- (2) 所有权（标的物归属）
  - ①动产——先完成交付的取得
  - ②不动产——先完成转移登记的取得

风险负担规则

- (1) 一般规则——交付时
- (2) 买受人违约——买受人违约时
- (3) 涉及运输——交承运人时
- (4) 路货买卖——合同成立时
- (5) 出卖人违约——买受人拒收或解除合同时

检验期规则

- (1) 有约定 — 买受人应在检验期限内通知出卖人，怠于通知视为符合约定
- (2) 无约定 — 买受人合理期限内未通知或自标的物收到之日起 2 年内未通知出卖人的，视为符合约定，但有质量保证期的，适用质量保证期

- 解除效力
  - (1) 涉及从物
    - ①因主物不符而解除，效力及于从物
    - ②因从物不符而解除，效力不及于主物
  - (2) 涉及数物
    - ①其中一物不符，该物解除
    - ②分离使标的物价值明显受损害的，数物解除
  - (3) 涉及分批交付
    - ①一批不符，该批解除
    - ②一批不符，导致以后批次不能实现合同目的，该批及以后各批解除
    - ③一批不符，与其他各批次相互依存，已交付和未交付的各批解除
- 特种买卖合同
  - (1) 分期付款（≥ 3 期）— 买受人未支付金额达全部价款的 1/5，催告后仍未支付到期价款的，出卖人可请求一并支付到期与未到期的全部价款或解除合同
  - (2) 凭样品
    - ①当事人应封存样品，并可对样品质量予以说明
    - ②出卖人交付的标的物应与样品及其说明的质量相同
    - ③买受人不知道样品有隐蔽瑕疵的，即使交付的标的物与样品相同，出卖人交付的标的物的质量应符合同种标的物的通常标准
  - (3) 试用
    - ①试用期限
      - a. 当事人可约定→法律规定→出卖人决定
      - b. 试用期届满，买受人未作表示的，视为购买
    - ②存在下列约定内容之一，不属于试用买卖
      - a. 约定标的物经过试用或检验，符合一定要求时，买受人应购买标的物
      - b. 约定第三人经试验对标的物认可时，买受人应购买标的物
      - c. 约定买受人在一定期限内可调换或退还标的物
  - (4) 招投标 — 招标公告属于要约邀请；投标属于要约；定标属于承诺；中标人在接到中标通知时，买卖合同正式成立
  - (5) 商品房买卖
    - ①效力
      - a. 未取得预售许可而订立，无效；但在起诉前取得许可，有效
      - b. 未办理登记备案手续不影响合同效力，但另有约定除外
    - ②法定解除权
      - a. 因房屋主体结构质量不合格的
      - b. 因房屋质量问题严重影响正常居住使用的
      - c. 出卖人延迟交付房屋或买受人迟延支付购房款，经催告后 3 个月内仍未履行的
      - d. 合同约定或法定登记期限届满超过 1 年，因出卖人原因导致无法办理房屋所有权登记的
  - (6) 所有权保留 — 只适用于动产。出卖人保留对标的物的所有权，未经登记，不得对抗善意第三人

笔记区

合同法律制度

租赁合同

- 性质与形式
  - （1）有偿合同、双务合同、诺成合同
  - （2）口头形式或书面形式；但租赁期限≥ 6 个月的，应当采用书面形式
- 租赁期限
  - （1）定期租赁 — 不得超过 20 年，超过部分无效；期限届满可续订
  - （2）不定期租赁
    - ①租赁期限≥ 6 个月，未订立书面合同，且无法确定租赁期限的
    - ②对租赁期限无约定或约定不明，依有关规定仍不能确定的
    - ③租赁期限届满，承租人继续使用，出租人没有提出异议的，原租赁合同继续有效，但租赁期限为不定期
- 双方当事人的权利义务
  - （1）租赁物使用
    - ①承租人按约定或租赁物性质使用造成租赁物损耗，不承担损害赔偿责任
    - ②承租人未按约定或租赁物的性质使用造成租赁物受到损失，出租人可解除合同 + 要求赔偿
  - （2）租赁物的维修
    - ①约定→出租人维修
    - ②承租人自行维修，维修费用由出租人承担
    - ③维修影响承租人使用，可减少租金或延长租期
  - （3）租金支付
    - ①时间 — 约定→依法律规定→
      - a. 租赁期＜ 1 年，届满支付
      - b. 租赁期≥ 1 年，每满 1 年支付，剩余期间＜ 1 年的，应在租期届满时支付
    - ②次承租人代为履行
      - a. 承租人拖欠租金的，次承租人可代付其欠付的租金和违约金，但转租合同对出租人不具有法律约束力的除外
      - b. 次承租人属于对该债务履行具有合法利益的第三人，出租人无正当理由不得拒绝受领，否则陷入债权人迟延，承租人也无权加以反对
      - c. 次承租人代为支付的租金和违约金，可充抵次承租人应当向承租人支付的租金；超出其应付的租金数额的，可以向承租人追偿
  - （4）租赁物转租
    - ①条件 — 承租人经出租人同意，可以将租赁物转租给第三人
    - ②效力
      - a. 承租人与出租人租赁合同继续有效
      - b. 第三人造成租赁物损失，承租人应赔偿
- 买卖不破租赁 — 租赁物在承租人按租赁合同占有期限内发生所有权变动的，不影响租赁合同的效力
- 解除
  - （1）双方均可主张 — 不定期租赁，可随时解除，但应在合理期限前通知
  - （2）出租人主张
    - ①承租人未按约定或租赁物性质使用租赁物造成损失
    - ②承租人无正当理由未支付、迟延支付租金的，催告后逾期仍不支付的
    - ③承租人未经同意转租
  - （3）承租人主张
    - ①因不可归责于承租人事由，合同目的无法实现
    - ②租赁物危及安全、健康（即使订立时明知）
- 房屋租赁中承租人的优先购买权
  - （1）出租人出卖租赁房屋的，应当在出卖之前的合理期限内通知承租人，承租人享有以同等条件优先购买的权利
  - （2）不得主张情形
    - ①“比你亲”：出卖给近亲属，房屋共有人行使优先购买权的
    - ②“拖延症”：承租人 15 日内未明确表示购买

- 具有融资性质的合同
  - 借款合同
    - (1) 性质 — 一般为诺成合同，应采用书面形式，但自然人之间借款另有约定的除外
      - 自然人之间的借款合同为实践合同，自贷款人提供借款时生效
    - (2) 还本付息
      - ①支付利息
        - a. “砍头息” — 利息不得预先在本金中扣除。利息预先在本金中扣除的，应当按照实际借款数额返还借款并计算利息
        - b. 约定→依规定→
          - Ⅰ. 借款期＜1年，应在返还借款时一并支付
          - Ⅱ. 借款期≥1年，每满1年支付，剩余期间不满1年的，应在返还借款时一并支付
      - ②还本 — 约定→依法律规定→借款人随时可还，贷款人可催告借款人在合理期内返还
      - ③提前还款 — 除当事人另有约定的外，应当按实际借款的期间计算利息
      - ④展期 — 借款人可在还款期限届满前向贷款人申请展期；贷款人同意的，可展期
    - (3) 民间借贷
      - ①借款利率

项目	自然人之间的借贷合同	其他民间借贷合同
有约定	按约定，但不得超过合同成立时1年期贷款市场报价利率的4倍，超过的部分无效	
无约定	视为没有利息	
约定不明确	视为没有利息	按照当地或当事人的交易方式、交易习惯、市场利率等因素确定利息

      - ②逾期利率

项目		内容
约定逾期利率		按约定，但不得超过合同成立时1年期贷款市场报价利率的四倍
未约定逾期利率	约定借期利率	自逾期还款之日起按照借期内利率支付资金占用期间利息
	未约定借期利率	自逾期还款之日起参照当时1年期贷款市场报价利率标准计算的利息承担逾期还款违约责任
既约定了逾期利率，又约定了违约金或者其他费用		出借人可以选择主张逾期利息、违约金或者其他费用，也可以一并主张，但是总计不得超过合同成立时一年期贷款市场报价利率四倍

  - 融资租赁合同
    - (1) 形式 — 应采用书面形式
    - (2) 法律关系

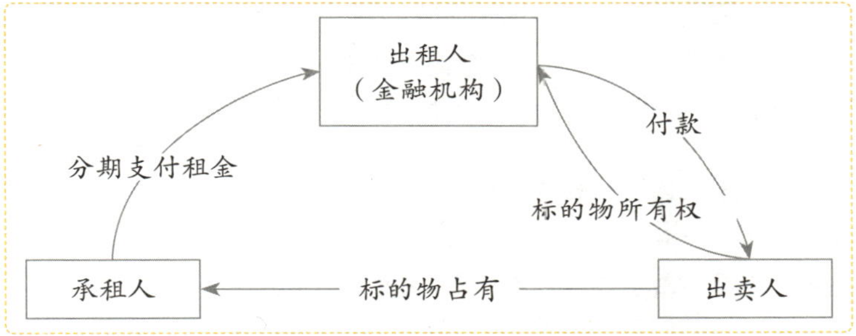

合同法律制度

- **具有融资性质的合同**
  - 融资租赁合同
    - (3) “买卖”角度
      - ①风险承担 — 租赁物毁损、灭失风险由承租人承担
      - ②合同变更 — 未经承租人同意，出租人不得变更与承租人有关的合同内容
    - (4) “租赁”角度
      - ①标的物选择 — 租赁物不符约定或使用目的的，出租人不承担责任，承租人依赖出租人的技能确定租赁物或出租人干预选择租赁物的除外
      - ②租赁期间所有权 — 出租人享有
      - ③占有期间损失赔偿 — 租赁物造成第三人人身损害、财产损失，承租人承担责任
      - ④占有期间维修义务 — 承租人履行
    - (5) “借款”角度
      - ①租金实质 — 为本息，是融资的对价
      - ②出租人解除合同情形
        - a. 承租人未按约定支付租金，符合约定的解除条件，经催告后在合理期限内仍不支付的
        - b. 承租人未经出租人同意，将租赁物处分
        - c. 没有明确约定，但承租人欠付租金达 2 期以上或数额达全部租金 15%以上，经催告后在合理期限内仍不支付的
        - d. 承租人违反合同约定，致使合同目的不能实现的其他情形
      - ③租赁期满所有权 — 约定→依法律规定→归出租人所有（约定支付象征性价款，视为归承租人所有）
- **承揽合同**
  - 性质 — 双务、有偿、诺成合同
  - 承揽人的义务
    - (1) 辅助工作转包 — 承揽人可交由第三人完成，并就该工作成果向定作人负责
    - (2) 主要工作转包
      - ①经定作人同意，承揽人应当就该工作成果向定作人负责
      - ②未经定作人同意，定作人可解除合同
  - 定作人的任意解除权 — 在承揽人完成工作前可以随时解除合同，造成承揽人损失应赔偿
- **建设工程合同**
  - 形式与内容（变）
    - (1) 应采用书面形式
    - (2) 招标人和中标人另行签订的建设工程施工合同约定的实质性内容，与中标合同不一致，一方当事人可以请求按照中标合同确定权利义务
    - (3) 如果允许招标人和中标人随意另签一份建设工程施工合同，改变中标合同的实质性内容，则此时招标人和中标人另行约定的内容应属无效。当然，这不影响招标人和投标人依据情事变更等规定协商变更中标合同的内容
  - 合同效力（变）
    - (1) 合同可能因违法而无效
    - (2) 合同无效，一方当事人请求对方赔偿损失的，应当就对方过错、损失大小、过错与损失之间的因果关系承担举证责任
    - (3) 损失大小无法确定，一方当事人请求参照合同约定的质量标准、建设工期、工程价款支付时间等内容确定损失大小的，人民法院可以结合双方过错程度、过错与损失之间的因果关系等因素作出裁判

“转包”限制

- (1) 主体结构的施工必须由承包人自行完成
- (2) 承包人不得将其承包的全部建设工程转包给第三人或将其承包的全部建设工程支解后以分包的名义分别转包给第三人
- (3) 禁止分包单位将其承包的工程再分包
- (4) 禁止承包人将工程分包给不具备相应资质条件的单位

建设工程竣工

(1) 竣工日期

情形	竣工日期
建设工程经竣工验收合格	竣工验收合格之日
承包人已经提交竣工验收报告，发包人拖延验收	承包人提交验收报告之日
建设工程未经竣工验收，发包人擅自使用	转移占有建设工程之日

(2) 竣工效力

①竣工验收合格方可交付使用

②未经竣工验收，发包人擅自使用后，不得以使用部分质量不符合约定为由主张权利，但承包人应在建设工程的合理使用寿命内对地基基础工程和主体结构质量承担民事责任

建设工程付款

情形	付款日期
建设工程已实际交付	交付之日
建设工程没有交付	提交竣工结算文件之日
建设工程未交付，工程价款也未结算的	当事人起诉之日

优先受偿权

此优先受偿权优先于抵押权和其他债权

- (1) 情形 — 发包人未按照约定支付价款的，承包人可以催告发包人在合理期限内支付价款。发包人逾期不支付的，除按照建设工程的性质不宜折价、拍卖外，承包人可以与发包人协议将该工程折价，也可以请求人民法院将该工程依法拍卖
- (2) 行使期限 — 自发包人应当给付建设工程价款之日起 18 个月
- (3) 关于商品房 — 消费者交付购买商品房的全部或大部分款项后，承包人就该商品房享有的工程价款优先受偿权不得对抗买受人

赠与合同

性质

单务、无偿、诺成合同

赠与行为是双方民事法律行为，赠与的意思表示是有相对人的意思表示

双方权利与义务

(1) 赠与人

①赠与财产有瑕疵，赠与人不承担责任，但故意不告知或保证无瑕疵造成受赠人损失的，赠与人应承担损害赔偿责任

②随义务的赠与，赠与的财产有瑕疵的，赠与人在附义务限度内承担与出卖人相同责任

③赠与合同成立后，赠与人经济状况恶化影响其生产经营或家庭生活的，可不再履行赠与义务

(2) 受赠人 — 赠与附义务的，受赠人应履行

合同法律制度

赠与合同

撤销

(1) 任意撤销
- ①一般情况 — 赠与人享有任意撤销权，应在赠与财产的权利转移之前主张撤销
- ②不得撤销情形
  - a. 具有救灾、扶贫、助残等公益、道德义务性质的赠与合同
  - b. 经过公证的赠与合同

(2) 法定撤销

维度	赠与人的撤销权	赠与人的继承人、法定代理人的撤销权
情形（受赠人行为）	①严重侵害赠与人或者赠与人近亲属的合法权益。 ②对赠与人有扶养义务而不履行。 ③不履行赠与合同约定的义务	受赠人的违法行为致使赠与人死亡或丧失民事行为能力
行使时间	自知道或应当知道撤销事由之日起 1 年内行使	自知道或应当知道撤销事由之日起 6 个月内行使

运输合同之货运合同

托运人权利义务

(1) 应向承运人准确表明有关货物运输的必要情况。否则托运人应赔偿由此造成的承运人损失

(2) 应按约定方式包装货物

(3) 货物交付前，可要求承运人中止 / 返还 / 变更 / 转交他人，但应赔偿承运人因此受到的损失

承运人权利义务

(1) 知道收货人的，货物运输到达后及时通知收货人

(2) 对运输过程中货物的毁损、灭失承担损害赔偿责任。但证明因不可抗力、货物性质或合理损耗及托运 / 收货人的过错造成的，不承担损害赔偿责任

(3) 货物在运输过程中因不可抗力灭失，未收取运费的，承运人不得要求支付运费；已收取运费的，托运人可以要求返还，法律另有规定的，依照其规定

物业服务合同（新）

特征

(1) 应当采用书面形式订立

(2) 在订立物业服务合同过程中，物业服务人公开作出的有利于业主的服务承诺，为物业服务合同的组成部分，不论这些承诺是否包含在书面合同之中

(3) 在实践中，建设单位通常与物业服务人订立前期物业服务合同，该合同对后来出现的业主也具有法律拘束力

(4) 建设单位与物业服务人订立的前期物业服务合同约定的服务期限届满前，业主委员会或者业主可能与新物业服务人订立物业服务合同，该合同一旦生效，前期物业服务合同即终止

(5) 业主委员会从全体业主处获得代理权，以全体业主的名义依法选聘物业服务人，其所订立的物业服务合同对全体业主具有法律约束力

选聘

(1) 物业服务人的选聘、解聘都应该由全体业主依照法定程序共同决定

(2) 应当由专有部分面积占比 2/3 以上的业主且人数占比 2/3 以上的业主参与表决。应当经参与表决专有部分面积过半数的业主且参与表决人数过半数的业主同意

解聘

解聘物业服务人的，不需要任何理由。提前 60 日书面通知，但合同对通知期限另有约定的除外

期限届满

(1) 业主没有依法作出续聘或者另聘物业服务人的决定，物业服务人继续提供物业服务的，属于以行为发出续约的要约；业主接受其物业服务的，原物业服务合同继续有效，但是服务期限为不定期

(2) 当事人可以随时解除不定期物业服务合同，但是应当提前 60 日书面通知对方。此时解除合同也应当由业主共同决定

权利和义务

- (1) 物业服务人
  - ①提供物业服务的义务 — 制止物业服务区域内违反有关治安、环保、消防等法律法规的行为。此权利来自业主的授权，属于排除妨害请求权、消除危险请求权等物权请求权的授权行使
  - ②信息公开义务和报告义务 — 以合理方式向业主公开并向业主大会、业主委员会报告
  - ③亲自服务的义务
    - a. 物业服务人不得将其应当提供的全部物业服务转委托给第三人，或者将全部物业服务支解后分别转委托给第三人
    - b. 物业服务人将物业服务区域内的部分专项服务事项委托给专业性服务组织或者其他第三人的，应当就该部分专项服务事项向业主负责
- (2) 业主
  - ①支付物业费
    - a. 物业服务人已经按照约定和有关规定提供服务的，业主不得以未接受或者无须接受相关物业服务为由拒绝支付物业费
    - b. 物业服务人未按照约定和有关规定提供服务的，业主有权拒绝在相应范围内支付物业费
    - c. 只有业主依照法定程序共同决定，才可以行使同时履行抗辩权
    - d. 个别业主逾期不支付物业费的，一般应当由业主委员会催其交纳；不存在业主委员会或者物业服务人取得业主委员会授权的，物业服务人也可以催告业主交纳
    - e. 业主委员会、物业服务人不得采取停止供电、供水、供热、供燃气等方式催交物业费。物业服务人可以直接起诉拖欠物业费的个别业主
    - f. 对于逾期不支付物业费的业主，经催告，合理期限届满仍不支付的，业主陷入迟延履行。物业服务人可以提起诉讼或者申请仲裁，然后就业主的责任财产申请强制执行，以清偿其所欠物业费
  - ②告知义务和容忍义务
    - a. 业主装饰装修房屋的，应当事先告知物业服务人，遵守物业服务人提示的合理注意事项，并配合其进行必要的现场检查
    - b. 业主转让、出租物业专有部分、设立居住权或者依法改变共有部分用途的，应当及时将相关情况告知物业服务人

笔记区

第五章 合伙企业法律制度

（考7分）

合伙企业法律制度

合伙企业法律制度概述

合伙企业的特征
- (1) 共同出资、共同经营、共享收益、共担风险的自愿联合
- (2) 合伙企业的信用基础最终取决于普通合伙人的偿付能力
- (3) 无法人资格
- (4) 内部治理和利润分配高度灵活
- (5) 不缴纳企业所得税（先分后税）

普通合伙企业

合伙协议
- (1) 全体合伙人协商一致，以书面形式订立
- (2) 经全体合伙人签名、盖章后生效
- (3) 修改或补充，应经全体合伙人一致同意；合伙协议另有约定的除外

设立

(1) 合伙人
- ①组成 — 普通合伙人
- ②人数 — 2 个以上自然人、法人或其他组织（自然人应有完全民事行为能力）
- ③禁止 — 国有独资公司、国有企业、上市公司以及公益性的事业单位、社会团体不得成为普通合伙人

(2) 出资

出资形式	作价方式
货币	—
实物、知识产权、土地使用权或者其他财产权利出资	①可由全体合伙人协商确定。 ②也可由全体合伙人委托法定评估机构评估
劳务	评估办法由全体合伙人协商确定，并在合伙协议中载明

(3) 名称 — 标明“普通合伙”字样（特殊普通合伙企业应标明“特殊普通合伙”字样）

(4) 登记与信息公示

事项	规定
设立登记	名称、合伙类型、经营范围、主要经营场所、合伙人的出资额、执行事务合伙人、合伙人名称或姓名、住所、承担责任方式
设立备案	合伙协议、合伙期限、合伙人认缴或者实际缴付的出资数额、缴付期限和出资方式、合伙企业登记联络员、合伙企业受益所有人（即最终控制或享有企业收益的人）相关信息
信息公示	①合伙企业应当按照国家有关规定公示年度报告和登记相关信息。 ②营业执照签发日期为合伙企业的成立日期。营业执照遗失或毁坏的，合伙企业应通过国家企业信用信息公示系统声明作废，申请补领
变更登记	合伙企业变更登记事项，应自作出变更决议、决定或法定变更事项发生之日起 30 日内向登记机关申请变更登记
歇业备案	歇业的期限最长不得超过 3 年
保真责任	①申请人应当对提交材料的真实性、合法性和有效性负责。 ②因虚假登记被撤销的合伙企业，其直接责任人自登记被撤销之日起 3 年内不得再次申请合伙企业登记，登记机关应当通过国家企业信用信息公示系统予以公示

- 财产份额
  - (1) 构成
    - ①合伙人的出资
    - ②以合伙企业名义取得的收益
    - ③依法取得的其他财产（包括因遭受侵权而获得的赔偿金）
  - (2) 转让
    - ①对内转让 — 应通知其他合伙人
    - ②对外转让 — 约定→经其他合伙人一致同意。约定→同等条件下，其他合伙人有优先购买权
  - (3) 出质 — 合伙人以其在合伙企业中的财产份额出质的，须经其他合伙人一致同意，未经其他合伙人一致同意，其行为无效，由此给善意第三人造成损失的，由行为人依法承担赔偿责任
    - “法定一致决”，不适用善意取得
- 事务执行
  - (1) 决议

梯度	说明	明细
“法定一致决”	须经全体合伙人一致同意的事项	（详见普通合伙企业——财产份额——出质）
“默认一致决”	合伙协议无约定的，法律默认须经全体合伙人一致同意方可实施	①登记事项变更：改变合伙企业的名称、经营范围、主要经营场所的地点。 ②资产负债变化： a. 转让、处分合伙企业的不动产、知识产权和其他财产权利。 b. 以合伙企业名义为他人提供担保。 ③外聘管理人员：聘任合伙人以外的人担任合伙企业的经营管理人员。 ④合伙协议变动：修改或者补充合伙协议。 ⑤合伙人变动： a. 新合伙人入伙。 b. 普通合伙人向合伙人以外的人转让其在合伙企业中的财产份额。 c. 普通合伙人转变为有限合伙人或有限合伙人转变为普通合伙人。 ⑥关联交易　普通合伙人同本合伙企业进行交易
“任意事项”	合伙协议无约定的，实行合伙人一人一票并经全体合伙人过半数通过的表决办法	例如，关于选择承办合伙企业审计业务的会计师事务所的事项。若合伙协议无特别约定，此事项又不属于“默认一致决”的事项，适用的就是“任意事项”的表决办法

  - (2) 形式
    - ①共同执行 — 全体合伙人可共同执行合伙事务
    - ②委托个别 — 委托一个或数个合伙人执行合伙事务
  - (3) 合伙人的权利
    - ①执行事务同等权　数人头而不看出资
    - ②代表权
    - ③异议权
      - （②③）仅执行事务合伙人享有
    - ④监督权　仅非执行事务合伙人享有
    - ⑤撤销委托权
    - ⑥查阅权
  - (4) 合伙人的义务
    - ①执行合伙人向其他合伙人报告企业的经营状况和财务状况
    - ②禁止行为
      - a. 绝对禁止
        - Ⅰ. 同业竞争 — 普通合伙人不得自营或同他人合作经营与本合伙企业相竞争的业务
        - Ⅱ. 不忠行为 — 合伙人不得从事损害本合伙企业利益的活动
      - b. 相对禁止 — 关联交易 — 除另有约定或者经全体合伙人一致同意外，普通合伙人不得同本合伙企业进行交易

合伙企业法律制度

普通合伙企业

利润分配、亏损分担

- (1) 顺序 — 约定→协商→出资比例（实缴）→平分
- (2) 要求 — 合伙协议不得约定将全部利润分配给部分合伙人或者由部分合伙人承担全部亏损

债务承担

- (1) 普通合伙企业
  - ①企业债务（无限连带责任）
    - a. 清偿顺序 — 企业→个人
    - b. 普通合伙人之间，对外连带，对内按份
  - ②个人债务
    - a. 清偿顺序 — 个人→以合伙企业取得的收益清偿 / 债权人请求强制执行财产份额
    - b. 禁止债权人行为
      - Ⅰ. 不得以其债权抵销其对合伙企业的债务
      - Ⅱ. 不得代位行使该合伙人在合伙企业中的权利
- (2) 特殊普通合伙企业（应当建立执业风险基金、办理职业保险）
  - ①故意或重大过失产生的合伙企业债务
    - a. 相关责任人 — 承担无限连带责任
    - b. 其他合伙人 — 以财产份额为限承担有限责任
  - ②非因故意或重大过失产生的合伙企业债务 — 全体合伙人承担无限连带责任

入伙

- (1) 条件 — 约定→全体合伙人一致同意，并订立书面入伙协议
- (2) 责任承担 — 新合伙人对入伙前合伙企业的债务承担无限连带责任

原合伙人如果没有履行向新合伙人如实告知原合伙企业的经营状况和财务状况的义务，新合伙人有理由主张自己受到欺诈，进而请求人民法院或仲裁机构撤销入伙协议

退伙

- (1) 退伙情形
  - ①自愿退伙
    - a. 协议退伙
      - Ⅰ. 适用 — 约定合伙期限
      - Ⅱ. 事由（满足其一）
        - 合伙协议约定的退伙事由出现
        - 经全体合伙人一致同意
        - 发生合伙人难以继续参加合伙的事由
        - 其他合伙人严重违反合伙协议约定的义务
    - b. 通知退伙
      - Ⅰ. 适用 — 未约定合伙期限
      - Ⅱ. 条件（同时满足）
        - 必须是合伙人的退伙不给合伙企业事务执行造成不利影响
        - 必须提前 30 日通知其他合伙人
  - ②强制退伙
    - a. 当然退伙 — 事由
      - Ⅰ. 作为合伙人的自然人死亡或者被依法宣告死亡
      - Ⅱ. 个人丧失偿债能力
      - Ⅲ. 作为合伙人的法人或其他组织依法被吊销营业执照、责令关闭、撤销或被宣告破产
      - Ⅳ. 法律规定或合伙协议约定合伙人必须具有相关资格而丧失该资格
      - Ⅴ. 合伙人在合伙企业中的全部财产份额被人民法院强制执行
      - Ⅵ. 合伙人被依法认定为无 / 限制民事行为能力人，未经其他合伙人一致同意该合伙人转为有限合伙人，合伙企业转为有限合伙企业的，该合伙人退伙

- b. 除名退伙
  - Ⅰ. 事由
    - ·未履行出资义务
    - ·因故意或重大过失给合伙企业造成损失
    - ·执行合伙事务时有不正当行为
    - ·发生合伙协议约定的事由

    合伙人主观原因给合伙企业带来损害的，经其他合伙人一致同意，可以除名退伙；被除名人有异议的，可以自接到除名退伙通知之日起 30 日内向法院起诉
  - Ⅱ. 生效 — 除名决议应书面通知被除名人，接到除名通知之日，除名生效，被除名人退伙
- (2) 财产继承
  - ①继承条件 — 合法继承权 + 约定 / 一致同意 + 继承人愿意
  - ②应退还被继承合伙人财产份额的情形
    - a. 继承人不愿意成为合伙人
    - b. 法律规定或合伙协议约定合伙人必须具有相关资格，而该继承人未取得该资格
    - c. 继承人为无 / 限制民事行为能力人且全体合伙人未能一致同意的
- (3) 责任承担 — 退伙人对基于其退伙前的原因发生的合伙企业债务承担无限连带责任

有限合伙企业

- 设立
  - (1) 合伙人
    - ①组成 — 有限合伙人和普通合伙人共同组成
    - ②人数 — 2 个以上，50 个以下（至少有 1 个普通合伙人）
  - (2) 出资 — 有限合伙人不得以劳务出资（普通合伙人可以劳务出资）
  - (3) 名称 — 标明“有限合伙”字样
  - (4) 登记 — 有限合伙企业登记事项中应载明有限合伙人的姓名或名称及认缴的出资数额
- 财产份额
  - (1) 对外转让 — 约定→提前 30 日通知（无须其他合伙人同意）。同等条件下，其他合伙人有优先购买权
  - (2) 出质 — 约定→可以出质
- 事务执行
  - (1) 有限合伙人不执行合伙事务，不得对外代表有限合伙企业。但是，第三人有理由相信有限合伙人为普通合伙人并与其交易的，该有限合伙人对该笔交易承担与普通合伙人同样的责任
  - (2) 不视为执行合伙事务（有限合伙人可以参与）

分类	情形（“安全港条款”）
纯“内务”	①参与决定普通合伙人入伙、退伙。 ②对企业的经营管理提出建议。 ③参与选择承办有限合伙企业审计业务的会计师事务所。 ④执行事务合伙人怠于行使权利时，督促其行使权利或者为了本企业的利益以自己的名义提起诉讼。 ⑤依法为本企业提供担保
为自己	①获取经审计的有限合伙企业财务会计报告。 ②对涉及自身利益的情况，查阅有限合伙企业财务会计账簿等财务资料。 ③在有限合伙企业中的利益受到侵害时，向有责任的合伙人主张权利或者提起诉讼

  - (3) 权利义务
    - ①竞业禁止 — 约定→可经营与本企业相竞争的业务
    - ②关联交易 — 约定→可同本有限合伙企业进行交易

合伙企业法律制度

- 有限合伙企业
  - 利润分配、亏损承担
    - (1) 有限合伙企业不得将全部利润分配给部分合伙人；但是，合伙协议另有约定的除外
    - (2) 不允许合伙协议约定部分合伙人承担全部亏损，或部分合伙人完全不承担亏损
  - 有限合伙人清偿债务顺序 — 自有财产→分取的收益→人民法院强制执行财产份额（应通知全体合伙人。同等条件下，其他合伙人有优先购买权）
  - 入伙 — 新入伙的有限合伙人对入伙前有限合伙企业的债务，以其认缴的出资额为限承担责任
  - 退伙
    - (1) 当然退伙情形
      - ①作为合伙人的自然人死亡或被依法宣告死亡
      - ②作为合伙人的法人依法被吊销营业执照、责令关闭、撤销，或被宣告破产
      - ③法律规定或合伙协议约定合伙人必须具有相关资格而丧失该资格
      - ④合伙人在合伙企业中的全部财产份额被人民法院强制执行
    - (2) 财产继承 — 自然人死亡、被依法宣告死亡或者法人终止时，其继承人、权利承受人可以依法取得该资格
    - (3) 责任承担 — 对基于其退伙前的原因发生的有限合伙企业债务，以其退伙时从有限合伙企业中取回的财产承担责任
  - 合伙人身份转变
    - (1) 前提 — 应经全体合伙人一致同意，合伙协议另有约定除外
    - (2) 承担责任
      - ①有限合伙人→普通合伙人 — 对其作为有限合伙人期间有限合伙企业发生的债务承担无限连带责任
      - ②普通合伙人→有限合伙人 — 对其作为普通合伙人期间合伙企业发生的债务承担无限连带责任
- 合伙企业的解散清算
  - 解散的情形
    - (1) 合伙期限届满，合伙人决定不再经营
    - (2) 合伙协议约定的解散事由出现
    - (3) 全体合伙人决定解散
    - (4) 合伙人已不具备法定人数满 30 天
    - (5) 合伙协议约定的合伙目的已经实现或无法实现
    - (6) 依法被吊销营业执照、责令关闭或者被撤销
  - 清算
    - (1) 清算人
      - ①担任
        - a. 全体合伙人
        - b. 经全体合伙人过半数同意，可自解散事由出现后 15 日内指定一个或数个合伙人或委托第三人
        - c. 解散事由出现后 15 日内未确定的，合伙人或其他利害关系人可申请人民法院指定
      - ②通知和公告
        - a. 通知 — 自被确定之日起 10 日内将合伙企业解散事项通知债权人
        - b. 公告 — 自被确定之日起 10 日内将清算人成员、清算人的负责人名单通过国家企业信用信息公示系统公告，并于 60 日内在报纸上公告
        - c. 债权人申报债权（向清算人申报债权）
          - Ⅰ. 应自接到通知书之日起 30 日内
          - Ⅱ. 未接到通知书的，自公告之日起 45 日内

(2) 清算中的清偿顺序 — 清算费用→合伙企业职工工资→社会保险费用和法定补偿金→缴纳所欠税款→清偿债务

(3) 清算后合伙人的责任
- ①合伙企业不能清偿到期债务的，债权人可依法向人民法院提出破产清算申请，也可要求普通合伙人清偿。合伙企业依法被宣告破产的，普通合伙人对合伙企业债务仍应承担无限连带责任
- ②合伙企业注销后，原普通合伙人对合伙企业存续期间的债务仍应承担无限连带责任

注销登记 — 清算人应自清算结束之日起 30 日内向登记机关申请注销登记

笔记区

第六章 公司法律制度 （考12分）

公司法律制度

公司类型

- 基本类型
  - （1）有限责任公司
  - （2）股份有限公司
- 其他类型（新）
  - （1）分公司——为本公司的分支机构。分公司没有自己的股东会、董事会等机构，只有本公司任命的负责人和其他管理人员。分公司不具有法人资格，其民事责任由设立该分公司的本公司承担。设立分公司的本公司，须向公司登记机关申请登记，领取营业执照。分公司具有经营资格，可以自己名义订立合同。分公司还可以自己名义参加民事诉讼
  - （2）子公司——《公司法》允许公司设立子公司，母、子公司互为独立法人，各自独立承担民事责任

法人人格否认的后果

- 公司行为被视为股东的行为，股东对公司债务承担连带责任
- 在横向否认的情况下，公司与其他公司被视为同一法律主体，各公司应当对任一公司的债务承担连带责任
- 只有一个股东的公司，股东不能证明公司财产独立于股东自己财产的，应当对公司债务承担连带责任

公司的设立登记

事项	规定
登记事项	（1）名称；（2）有限公司股东或者股份公司发起人的姓名或者名称；（3）经营范围；（4）住所；（5）注册资本；（6）法定代表人姓名
公示事项	公司应当按照规定通过国家企业信用信息公示系统公示下列事项： （1）有限责任公司股东认缴和实缴的出资额、出资方式和出资日期，股份有限公司发起人认购的股份数；（2）有限责任公司股东、股份有限公司发起人的股权、股份变更信息；（3）行政许可取得、变更、注销等信息
营业执照签发	营业执照签发日期为公司的成立日期
变更登记	自作出变更决议、决定或者法定变更事项发生之日起 30 日内申请变更登记
歇业备案	歇业期限≤ 3 年

- （1）发起人
  - ①1 ~ 200 人
  - ②半数以上在中国境内有住所
  - ③应签订发起人协议，明确权利和义务

事项	发起设立	募集设立
实缴出资	发起人应在公司成立前 按照其认购的股份全额缴纳股款	无论是公开募集还是 非公开募集均须实缴出资

续表

公司设立

股份公司设立

(2) 设立方式与重要事项

事项	发起设立	募集设立
验资	非必须	必须
股本的其他要求	发起人应当认足公司章程规定的公司设立时应发行的股份	发起人认购的股份≥ 35%
成立大会	召开和表决程序由公司章程或者发起人协议规定	股款缴足之日起 30 日内召开

(3) 成立大会
- ①召开程序
  - a. 召开时间 — 募集设立公司的，发起人应在足额缴纳股款的 30 日内
  - b. 通知 — 发起人应在成立大会召开 15 日前将会议日期通知各认股人或予以公告
- ②出席要求 — 持有表决权过半数的认股人出席方可举行
- ③表决要求 — 须经出席会议的认股人所持表决权过半数通过

有限公司设立
- (1) 发起人 — 1 ~ 50 人
- (2) 设立方式 — 仅发起设立
- (3) 全体股东认缴的出资额由股东按照公司章程的规定自公司成立之日起 5 年内缴足

公司设立行为法律后果的承担

项目		公司名义	自己名义
对外责任	设立成功	为设立公司实施各种民事活动，法律后果由公司承受	第三人有选择权可以请求公司承担法律后果，也可以请求公司设立时的股东承担（二选一）
	设立失败	由公司设立时的股东承受。设立时的股东为二人以上的，享有连带债权，承担连带债务	发起人承担连带责任
对内责任	设立时的股东因履行公司设立职责造成他人损害的，公司或者无过错的股东承担赔偿责任后，可以向有过错的股东追偿		

股东出资

财产与方式
- (1) 可出资财产
  - ①货币出资
  - ②非货币出资（实物、知识产权、土地使用权等）
- (2) 不可出资财产 — 劳务、信用、自然人姓名、商誉、特许经营权或设定担保的财产

瑕疵的认定

情形		规则
未对非货币财产出资进行评估		应先评估，若评估价额显著低于公司章程所定价额的，认定出资不足；评估后因市场变化或者其他客观因素导致出资财产贬值的，不得请求该出资人承担补足出资责任
以房屋、土地使用权或者需要办理权属登记的知识产权等财产出资	已交付但未办理过户登记（有实无名）	当事人应在指定的合理期间内办理权属变更手续；交付时享有股东权利
	已办理过户登记但未交付（有名无实）	应交付；交付前不享有股东权利
以划拨地或负有权利负担的财产出资		当事人应在指定的合理期间内办理土地变更手续或解除权利负担；逾期未办理或未解除的认定出资不足
以污点财产出资		应采取拍卖、变卖方式处置股权
以无权处分的财产出资		适用善意取得制度

公司法律制度

股东出资

抽逃出资

公司成立后
- (1) 通过虚构债权债务关系将其出资转出
- (2) 制作虚假财务会计报表，虚增利润进行分配
- (3) 利用关联交易将出资转出
- (4) 其他未经法定程序将出资抽回的行为

违反出资义务的责任

(1) 未尽出资义务股东
- ①一般原则 — 不适用诉讼时效
- ②认缴加速到期 — 公司不能清偿到期债务的，公司或已到期债权的债权人有权要求已认缴出资但未届出资期限的股东提前缴纳出资
- ③连带责任 — 未按章程规定实缴出资或实际出资的非货币财产显著低于认缴出资额的，设立时的其他股东与该股东在出资不足的范围内承担连带责任
- ④股东失权 — 催缴书载明的宽限期届满（≥ 60 日），股东仍未履行出资义务的，公司经董事会决议可以向该股东发出书面形式的失权通知。自通知发出之日起，该股东丧失其未缴纳出资的股权
  - 6 个月内未转让或者注销的，由公司其他股东按照其出资比例足额缴纳相应出资；股东对失权有异议的，应当自接到失权通知之日起 30 日内，向人民法院提起诉讼
- ⑤股东权利受限 — 股东未履行 / 未全面履行出资义务或者抽逃出资，公司根据公司章程或者股东会决议对其利润分配请求权等股东权利作出相应的合理限制，该股东请求认定该限制无效的，人民法院不予支持
- ⑥股东资格解除 — 有限责任公司的股东未履行出资义务或者抽逃全部出资，经公司催告缴纳或者返还，其在合理期间内仍未缴纳或者返还出资，公司以股东会决议解除该股东的股东资格，该股东请求确认该解除行为无效的，人民法院不予支持
- ⑦补充清偿责任 — 股东违反出资义务而公司又不能偿还债务的，公司债权人有权请求该股东在一定范围内承担清偿责任

(2) 特殊情形
- ①股权转让
  - a. 股东转让已认缴但未届出资期限的股权的，受让人承担该出资义务；受让人未按期足额缴纳出资的，转让人承担补充责任
  - b. 未按章程规定出资或作为出资的非货币财产实际价额显著低于认缴出资额的股东转让股权的，转让人与受让人在出资不足的范围内承担连带责任；受让人不知道或不应当知道的，由转让人承担责任
- ②抽逃出资 — 负有责任的董事、监事、高级管理人员与该股东承担连带赔偿责任

隐名与显名股东

- (1) 投资权益的归属
  - ①因投资权益的归属发生争议，隐名股东以其实际履行出资义务为由可向显名股东主张权利
  - ②显名股东不可以公司股东名册记载、公司登记机关登记为由否认隐名股东权利
- (2) 显名股东擅自处分代持股权 — 股东姓名或名称未经登记，不得对抗善意第三人
- (3) 出资补足 — 债权人以登记于公司登记机关的股东未履行出资义务为由，请求其对公司债务不能清偿的部分在未出资本息范围内承担补充赔偿责任的，显名股东应承担补充赔偿责任，后可向隐名股东追偿

股东权利和义务

股东权利

股东权利		具体内容：有限责任公司	具体内容：股份有限公司
查阅权	查阅、复制范围	公司章程、股东名册、股东会会议记录、董事会会议决议、监事会会议决议、财务会计报告	
	仅查阅范围	会计账簿、会计凭证	会计账簿、会计凭证（连续 180 日以上单独或合计持有公司 3% 以上股份的股东可查阅，公司章程对持股比例有较低规定的，从其规定）
出资优先权		法定权利，约定>实缴比例出资	不享有，除非章程另有规定或股东会决议另有决定
异议股东股份回购请求权		股东会投反对票 + 如下三个事项之一： （1）公司连续 5 年盈利符合分配条件但连续 5 年不分配利润。 （2）公司合并、分立、转让主要财产（股份有限公司发生合并、分立时，异议股东尽管也有权要求公司回购其股份，但未规定公司须按照合理价格收购）。 （3）营业期限届满或解散事由出现，股东会决议修改章程使公司存续。 提示：存在上述情形之一，公司回购后在 6 个月内依法转让或者注销	
股利分配请求权	分配原则	全体股东约定>实缴出资比例	公司章程>持股比例
	分配时间	股东会作出分配利润的决议的，董事会应当在股东会决议作出之日起 6 个月内进行分配	

股东义务

（1）出资义务

（2）善意行使股权的义务

笔记区

公司法律制度

股东权利和义务

股东诉讼

诉讼类型	起诉事由（程序）	原告	被告
股东直接诉讼（损害股东个人利益）	董事、高管损害股东利益	股东	损害股东个人利益的董事、高管
股东代表诉讼（损害公司利益）	前置程序：有资格股东交叉书面请求，收到请求的董事会、监事会以公司名义提起诉讼 （1）有资格股东： ①有限公司——股东。 ②股份公司——连续 180 日以上单独或合计持有公司 1% 以上股份的股东。 （2）交叉书面请求： ①董事、高管损害公司利益找监事会。 ②监事损害公司利益找董事会。 ③他人损害公司利益找董事会或监事会。 （3）双重代表诉讼： 公司全资子公司的董事、监事、高管或他人侵犯全资子公司的合法权益造成损失的，有资格股东可以书面请求全资子公司的监事会、董事会向人民法院提起诉讼或以自己的名义直接向人民法院提起诉讼	公司	损害公司利益的人
	前置程序未果：有资格股东以自己名义提起诉讼。 董事会、监事会收到上述股东的书面请求后拒绝提起诉讼或自收到请求之日起 30 日内未提起诉讼或情况紧急、不立即起诉将会使公司利益受到难以弥补的损害	有资格的股东	
利润分配之诉	（1）股东会已作出具体分配方案的有效决议，而公司无正当理由拒不执行。 （2）公司不分配利润是因部分股东滥用股东权利所致且不分配利润损害了其他股东的利益	股东	公司
解散公司之诉	公司出现“公司僵局”具体事由之一，继续存续会使股东利益受到重大损失，通过其他途径不能解决的	表决权≥ 10% 的股东	公司

“公司僵局”具体事由：

（1）2 年无法召开股东会。

（2）2 年不能作出有效股东会决议。

（3）董事间长期冲突，股东会无法解决等导致公司经营管理发生严重困难。

不得提起解散公司之诉的情况：

股东以知情权、利润分配请求权等权益受到损害或公司亏损、财产不足以偿还全部债务，以及公司被吊销企业法人营业执照未进行清算等为由，提起解散公司诉讼的，人民法院不予受理。

公司组织机构 — 股东会

> 临时提案：单独或者合计持有公司 1% 以上股份的股东，可以在股东会召开 10 日前提出临时提案并书面提交董事会，董事会应在收到提案后的 2 日内通知其他股东

事项		有限责任公司	股份有限公司
性质		权力机关，只有 1 个股东的，不设股东会	
形式	定期会议	按照公司章程的规定按时召开； 召开前 15 日通知，除章程另有约定	应当每年 1 次；召开 20 日前通知
	临时会议	（1）股东表决权≥ 1/10 提议。 （2）董事人数≥ 1/3 提议。 （3）监事会提议召开时	有下列情形之一的，应当在 2 个月内召开临时股东会： （1）董事人数＜法定或章程规定人数的 2/3 时。 （2）未弥补亏损达实收股本总额 1/3 时。 （3）单独或合计持股≥ 10% 股东请求时。 （4）董事会认为必要时。 （5）监事会提议召开时。 提示：召开 15 日前通知
召集与主持		（1）召集推定顺序：董事会→监事会→表决权≥ 1/10 股东（股份公司要求连续 90 日以上单独或合计持股 10% 以上）。 （2）主持推定顺序：董事长→副董事长→半数以上董事推举→监事会或监事→表决权≥ 1/10 股东（股份公司要求连续 90 日以上单独或合计持股 10% 以上）。 提示：有限公司首次召开股东会由出资最多的股东召集和主持，以后按照以上推定顺序执行	
职权		（1）人事任命：选举和更换非由职工代表担任的"董监"，决定"董监"报酬事项。（股份有限公司选举"董监"可以采用累积投票制） （2）审批报告：审议批准董事会、监事会或监事的报告。 （3）审批方案：审议批准公司利润分配方案和弥补亏损方案。 （4）发行债券：对发行公司债券作出决议（股东会可以授权董事会对发行公司债券作出决议）。 （5）特别决议事项（≥ 2/3）：修改公司章程；增减注册资本；合并、分立、解散或变更公司形式。 提示：在有限责任公司中，对上述事项，股东以书面形式一致表示同意的，可以不召开股东会会议，直接作出决定，并由全体股东在决定文件上签名、盖章	
决议（表决基数）		（1）普通：应经代表（全体股东）过半数表决权的股东通过。 （2）特别：须经代表（全体股东）2/3 以上表决权的股东通过	（1）普通：须经出席会议的股东所持表决权过半数通过。 （2）特别：须经出席会议股东所持表决权 2/3 以上通过

笔记区

公司法律制度

公司组织机构

董事会

(1) 组成与职权

事项	有限责任公司	股份有限公司
性质	决策机关；规模小可不设（设 1 名董事）	
人数	≥ 3 人	
任期	由公司章程规定，但每届≤ 3 年；可连选连任	
成员	①可以有职工代表（职工人数≥ 300 人特殊）。 ②设董事长 1 人，可设副董事长；董事长、副董事长的产生办法由公司章程规定	①可以有职工代表（职工人数≥ 300 人特殊）。 ②设董事长 1 人，可设副董事长；董事长、副董事长由董事会以全体董事过半数选举产生
	提示：职工代表董事由公司职工通过民主选举产生；职工人数≥ 300 人的以上的有限责任公司和股份有限公司，除依法设监事会并有公司职工代表的外，其董事会成员中应当有公司职工代表	
职权	①决定公司的经营计划和投资方案。 ②决定聘任或解聘公司经理及其报酬事项，根据经理提名决定聘任或解聘公司副经理、财务负责人及其报酬事项。 ③召集股东会会议并报告工作。 ④执行股东会的决议。 ⑤制订公司利润分配方案、弥补亏损方案、增减注册资本及发行债券方案。 ⑥制订公司合并、分立、解散或变更公司形式的方案。 ⑦决定公司内部管理机构的设置。 ⑧制定公司的基本管理制度。 提示：公司章程或股东会可授权董事会在 3 年内决定发行不超过已发行股份 50% 的股份。但以非货币财产作价出资的应经股东会决议	
召开	—	每年至少 2 次；召开前 10 日通知。 可召开情形： ①代表 1/10 以上表决权的股东。 ② 1/3 以上董事提议召开。 ③监事会提议召开
出席	过半数（> 1/2）董事出席	过半数（> 1/2）董事出席。董事因故不能出席，可以书面委托其他董事代为出席，委托书应当载明授权范围
表决	一人一票，全体董事过半数通过。 提示：股份有限公司公司章程或者股东会授权董事会决定发行新股的，董事会决议应当经全体董事 2/3 以上通过	

(2) 审计委员会

①股份有限公司可按公司章程的规定在董事会中设置由董事组成的审计委员会，行使监事会的职权，不设监事会或者监事

②成员≥ 3 人，过半数成员不得在公司担任除董事以外的其他职务，且不得与公司存在任何可能影响其独立客观判断的关系。董事会成员中的职工代表可以成为审计委员会成员

③审计委员会决议的表决，实行一人一票，应经审计委员会成员的过半数通过

监事会

事项	有限责任公司	股份有限公司
性质	监督机关，股东人数较少或者规模较小的有限责任公司，可以设1名监事，不设立监事会（经全体股东一致同意，也可以不设监事）	监督机构，规模较小或者股东人数较少的股份有限公司，可以设1名监事，不设立监事会
人数	≥3人	
任期	3年，可连任	
任职资格	（1）应包含职工代表（民主选举产生），比例≥1/3，具体比例由公司章程规定。 （2）"董高"不得兼任监事	
召开	每年度至少召开一次会议	每6个月至少召开一次会议
表决	应经全体监事过半数通过	
职权	（1）监督"人和财务"： ①对"董高"执行公司职务的行为进行监督，对违反法律、行政法规、公司章程或股东会决议的"董高"提出解任的建议。 ②检查公司财务。 ③当"董高"的行为损害公司的利益时，要求"董高"予以纠正。 （2）主动作为： ①提议召开临时股东会会议，在董事会不履行规定的召集和主持股东会会议职责时召集和主持股东会会议。 ②向股东会会议提出提案。 ③依《中华人民共和国公司法》的规定，对"董高"提起诉讼	

经理

事项	有限责任公司	股份有限公司
性质	执行机关，国有独资公司必设	执行机关，必设
任职	由董事会决定聘任或解聘，董事可兼任经理	
职权	经理对董事会负责，根据公司章程的规定或者董事会的授权行使职权。经理列席董事会会议	

笔记区

公司法律制度

公司组织机构

上市公司的组织机构

(1) 股东会特别规定

事项	具体内容
增加职权	①对聘任、解聘会计师事务所作出决议。 ②审议批准变更募集资金用途事项。 ③审议股权激励计划。 ④审议批准下列对外担保行为： a. 本公司及控股子公司的对外担保总额＞最近一期经审计净资产的50%以后提供的任何担保。 b. 公司的对外担保总额＞最近一期经审计总资产的 30% 以后提供的任何担保。 c. 为资产负债率＞ 70% 的担保对象提供的担保。 d. 单笔担保额＞最近一期经审计净资产 10% 的担保。 e. 对股东、实控人及其关联方提供的担保
增加特别决议事项（≥ 2/3）	1 年内购买、出售重大资产、担保金额＞公司资产总额 30% 的
召开时间	会计年度结束后的 6 个月内举行
累积投票制	控股股东控股比例超过 30% 以上的上市公司应采用

(2) 董事会的特别规定

- ①董事会秘书
  - a. 职责 — 股东会和董事会会议的筹备、文件保管以及公司股东资料的管理，办理信息披露事务等
  - b. 定位：高级管理人员
- ②关联关系董事表决权排除
  - a. 适用 — 与董事会决议事项所涉及的企业有关联关系的董事
  - b. 排除 — 不得行使或代理其他董事行使表决权
  - c. 会议举行 — 过半数无关联关系董事出席（不足 3 人的，应提交股东会审议）
  - d. 决议作出 — 无关联关系董事过半数通过

(3) 高管独立性 — 总经理专职 — 总经理在集团等控股股东单位不得担任除董事以外的其他职务

(4) 独立董事 (变)

- ①设置
  - a. 董事会中至少 1/3 为独立董事，独立董事至少包括 1 名会计专业人士
  - b. 董事会下设审计、提名、薪酬与考核等专门委员会的，独立董事应在委员会成员中过半数，并担任召集人
- ②资格

事项	具体内容
任职符合基本条件	a. 根据法律、行政法规及其他有关规定，具备担任上市公司董事的资格。 b. 具有《上市公司独立董事管理办法》规定的独立性。 c. 具备上市公司运作的基本知识，熟悉相关法律法规及规则。 d. 具有 5 年以上履行独立董事职责所必需的法律、会计或者经济等工作经验。 e. 具有良好的个人品德，不存在重大失信等不良记录。 f. 法律、行政法规、中国证监会规定、证券交易所业务规则和公司章程规定的其他条件
不得担任情形（不符合独立性要求）	a. 内部成员：在上市公司及附属企业任职的人员及配偶、父母、子女（即直系亲属）、主要社会关系。 b. 股东成员： Ⅰ. 直接或间接持股 1% 以上的个人股东或前 10 名的自然人股东及直系亲属。 Ⅱ. 在直接或间接持股 5% 以上的公司股东或前 5 名公司股东处任职的人员及其直系亲属。 Ⅲ. 最近 12 个月内曾经具有上述所列举情形的人员。 c. 专业人员：为上市公司及其控股股东、实际控制人或者其附属企业提供财务、法律、咨询等服务的人员
兼职要求	独立董事原则上最多在 3 家境内上市公司兼任独立董事

- ③任职及任期
  - a. 提名 — 董事会、监事会、单独或合计持有已发行股份 1% 以上的股东可提出候选人，最终由股东大会选举决定
  - b. 任期 — 同其他董事任期，可连任；连任≤ 6 年
  - c. 现场 — 独立董事每年在上市公司的现场工作时间应当不少于 15 日
  - d. 撤换 — 独立董事连续 2 次未亲自出席董事会会议，也不委托其他独立董事代为出席的，董事会应当在该事实发生之日起 30 日内提议召开股东大会解除该独立董事职务
  - e. 免职 — 任期届满前可经法定程序解除其职务（提前解除应作为特别披露事项予以披露）
- ④特别职权
  - a. 独立聘请中介机构，对上市公司具体事项进行审计、咨询或者核查
  - b. 向董事会提议召开临时股东大会
  - c. 提议召开董事会会议
  - d. 依法公开向股东征集股东权利
  - e. 对可能损害上市公司或者中小股东权益的事项发表独立意见
  - f. 法律、行政法规、中国证监会规定和公司章程规定的其他职权
  - 独立董事行使左述第 a 项至第 c 项所列职权的，应当经全体独立董事过半数同意
- ⑤审计委员会
  - a. 开会要求 — 每季度至少召开一次会议，2 名及以上成员提议，或者召集人认为有必要时，可以召开临时会议。审计委员会会议须有 2/3 以上成员出席方可举行
  - b. 职权
    - Ⅰ. 披露财务会计报告及定期报告中的财务信息、内部控制评价报告
    - Ⅱ. 聘用或者解聘承办上市公司审计业务的会计师事务所
    - Ⅲ. 聘任或者解聘上市公司财务负责人
    - Ⅳ. 因会计准则变更以外的原因作出会计政策、会计估计变更或者重大会计差错更正
    - Ⅴ. 法律、行政法规、中国证监会规定和公司章程规定的其他事项
    - 经审计委员会全体成员过半数同意后，提交董事会审议
- ⑥履职屏障
  - a. 履职协助
    - Ⅰ. 独立董事可以要求董事会秘书等相关人员签字确认，上市公司及相关人员应当予以配合
    - Ⅱ. 2 名及以上独立董事认为会议材料不完整、论证不充分或者提供不及时的，可以书面向董事会提出延期召开会议或者延期审议该事项，董事会应当予以采纳
  - b. 知情权
    - Ⅰ. 上市公司应当保证独立董事享有与其他董事同等的知情权
    - Ⅱ. 独立董事工作记录及上市公司向独立董事提供的资料，应当至少保存 10 年
  - c. 中介费用 — 上市公司应承担独立董事聘请专业机构及行使其他职权时所需的费用
  - d. 津贴 — 应给予独立董事与其承担的职责相适应的津贴。津贴的标准应由董事会制订方案，股东大会审议通过，并在年度报告中进行披露。除上述津贴外不得从上市公司及其主要股东、实际控制人或者有利害关系的单位和人员取得其他利益

公司法律制度

公司组织机构

- "董监高"的资格和义务（指公司的经理、副经理、财务负责人、上市公司董事会秘书和公司章程规定的其他人员）
  - (1) 不得担任情形
    - ①无 / 限制民事行为能力人
    - ②执行期满未逾 5 年；被宣告缓行的，自缓刑考验期满之日起，未逾 2 年
      - a. 因贪污、贿赂、侵占财产、挪用财产、破坏社会主义市场经济秩序，被判处刑罚
      - b. 因犯罪被剥夺政治权利
    - ③未逾 3 年
      - a. 担任破产清算的公司、企业的董事、厂长、经理，对破产负个人责任
      - b. 担任因违法被吊销营业执照、责令关闭的公司、企业的法定代表人，并负个人责任
    - ④个人所负数额较大债务到期未清偿列为失信被执行人
  - (2) 法定义务
    - ①忠实义务（收入应当归公司所有）
      - a. 绝对禁止
        - Ⅰ. 侵占公司财产，挪用公司资金
        - Ⅱ. 将公司资金以个人名义开立账户存储
        - Ⅲ. 接受他人与公司交易的佣金归为己有
        - Ⅳ. 擅自披露公司秘密
        - Ⅴ. 利用职权贿赂或收受其他非法收入
      - b. 相对禁止
        - Ⅰ. 未经董事会或者股东会决议通过，直接或者间接与本公司订立合同或者进行交易
        - Ⅱ. 未经董事会或者股东会决议通过，利用职务便利为自己或者他人谋取属于公司的商业机会
        - Ⅲ. 未经董事会或者股东会决议通过，自营或为他人经营与其任职公司同类的业务
    - ②勤勉义务
      - a. 有限责任公司成立后，董事会未及时履行催缴义务，给公司造成损失的，负有责任的董事应当承担赔偿责任
      - b. 公司成立后，股东抽逃出资给公司造成损失的，负有责任的"董监高"应当与该股东承担连带赔偿责任
      - c. "董监高"违反规定，为他人取得本公司或者其母公司的股份提供财务资助，给公司造成损失的，应当承担赔偿责任
      - d. 公司违反规定向股东分配利润或者减少注册资本，给公司造成损失的，负有责任的"董监高"应当承担赔偿责任
- 公司决议效力瑕疵
  - (1) 瑕疵
    - ①不成立
      - a. "没开会" — 未召开会议即作出决议
      - b. "没表决" — 召开了会议，但未表决该事项
      - c. "人不够" — 到会人数或到会股东所持表决权数不合规
      - d. "比例缺" — 表决结果未达规定的通过比例
    - ②可撤销（可自决议作出之日起 60 日内请求法院撤销。未被通知参加股东会会议的股东自知道或者应当知道股东会决议作出之日起 60 内，可以请求人民法院撤销；自决议作出之日起 1 年内没有行使撤销权的，撤销权消灭）
      - a. 会议召集程序、表决方式违反法律法规或公司章程
      - b. 决议内容违反公司章程
    - ③无效 — 决议内容违法

（2）诉讼

诉讼主张	原告	被告	第三人
确认公司决议不成立、无效	股东、董事、监事	公司	其他利害关系人
撤销公司决议	股东		

公司对外担保

- （1）程序
  - ①通用规则
    - a. 依章程规定由董事会或股东会决议
    - b. 不得超过章程规定限额
  - ②为公司股东、实际控制人担保
    - a. 必须经股东会决议
    - b. 当事人及受支配股东不得参加该事项表决
    - c. 表决由出席会议的其他股东所持表决权的过半数通过
- （2）法定代表人的越权担保
  - ①法人章程或法人权力机构对法定代表人代表权的限制，不得对抗善意相对人
  - ②只要债权人能证明其在订立担保合同时对董事会决议或股东会决议进行了审查，同意决议的人数及签字人员符合公司章程的规定，就应当认定其构成善意，但公司能够证明债权人明知公司章程对决议机关有明确规定的除外
  - ③债权人对公司机关决议内容的审查一般限于形式审查，只要求尽到必要的注意义务即可

股份/股权转让

股份公司

- （1）股份转让
  - ①转让原则 — 自由转让为原则，章程条款限制为例外
  - ②锁定规则
    - a. 原始股 — 公司公开发行股份前已发行的股份，自上市交易之日起 1 年内不得转让
    - b. “董监高”所持股
      - Ⅰ. 自公司股票上市交易之日起 1 年内不得转让
      - Ⅱ. 任职期间，每年转让股份≤所持股份 25%
      - Ⅲ. 离职后半年内不得转让
  - ③“董监高”不得买卖期间 变
    - a. 年度报告、半年度报告前 15 日内
    - b. 季度报告、业绩预告、业绩快报公告前 5 日内
    - c. 自可能对证券及其衍生品种交易价格产生较大影响的重大事件发生之日或在决策过程中，至依法披露之日内
- （2）股份回购

事由	决策	处理
减少公司注册资本	应当经股东会决议	应当自收购之日起 10 日内注销
与持有本公司股份的其他公司合并		应当在 6 个月内转让或者注销
异议股东要求回购	—	
将股份用于员工持股计划或者股权激励	可以依照公司章程的规定或者股东会的授权，经 2/3 以上董事出席的董事会会议决议	①应当在 3 年内转让或者注销。②公司合计持有的本公司股份数不得超过本公司已发行股份总额的 10%。③上市公司应当通过公开的集中交易方式进行
将股份用于转换上市公司发行的可转换为股票的公司债券		
上市公司为维护公司价值及股东权益所必需		

- （3）股票质押 — 公司不得接受本公司的股票作为质押权的标的

公司法律制度

- **股份/股权转让**
  - 有限公司
    - (1) 股权转让
      - ①对内 — 股东之间自由转让
      - ②对外
        - a. 书面通知其他股东（无须征得其他股东同意）
        - b. 收到通知 30 日内未答复，视为放弃优先购买权
        - c. 经股东同意转让的股权，在同等条件下，其他股东有优先购买权

> Ⅰ. 两个股东以上，协商购买比例→出资比例行使。
> Ⅱ. 同等条件，考虑数量、价格、支付方式及期限。
> Ⅲ. 行使期间：公司章程规定→通知确定的期间（< 30 日或未明确的，为 30 日），最长不超过股权变更登记之日起 1 年

    - (2) 强制执行
      - ①通知 — 应通知公司及全体股东
      - ②优先购买权 — 其他股东在同等条件下有优先购买权，通知之日起满 20 日不行使的视为放弃
    - (3) 继承
      - ①行使 — 合法继承人可直接继承
      - ②限制 — 其他股东无优先购买权
      - ③排除 — 公司章程可排除此种方式

- **国家出资公司**
  - 范围 — 国有独资公司、国有资本控股的有限责任公司、股份有限公司
  - 履行出资人的机构
    - (1) 由国务院或者地方人民政府分别代表国家依法履行出资人职责
    - (2) 可授权国有资产监督管理机构等代表本级人民政府对国家出资公司履行出资人职责
  - 国有独资公司的特别规定
    - (1) 公司章程 — 由履行出资人职责的机构制定
    - (2) 组织机构
      - ① 履行出资人职责的机构
        - a. 不设股东会，由履行出资人职责的机构行使股东会职权
        - b. 可授权公司董事会行使股东会的部分职权，决定公司的重大事项，但下列事项应由履行出资人职责的机构决定：
          - Ⅰ. 公司的合并、分立、解散、申请破产
          - Ⅱ. 增加或者减少注册资本
          - Ⅲ. 分配利润
          - Ⅳ. 公司章程的制定和修改
      - ②董事会
        - a. 应当过半数为外部董事；并应有公司职工代表，由职工代表大会选举产生
        - b. 由履行出资人职责的机构委派成员、指定董事长、副董事长
      - ③监事会和审计委员会 — 国有独资公司在董事会中设置由董事组成的审计委员会行使监事会职权的，不设监事会或者监事
      - ④经理
        - a. 应由董事会聘任或者解聘
        - b. 经履行出资人职责的机构同意，董事会成员可以兼任经理
      - ⑤兼职禁止 — 国有独资公司的董事、高级管理人员，未经履行出资人职责的机构同意，不得在其他有限责任公司、股份有限公司或者其他经济组织兼职

- **公司的财务会计**
  - 财务会计报告
    - (1) 编制 — 董事会负责编制
    - (2) 审计 — 聘用、解聘承办公司审计业务的会计师事务所，依照公司章程的规定，由股东会、董事会或者监事会决定
    - (3) 公示
      - ①有限责任公司 — 应按公司章程规定的期限送交各股东
      - ②股份有限公司
        - a. 应在召开股东会年会的 20 日前置备于本公司供股东查阅
        - b. 公开发行股票必须公告
  - 公司的公积金

种类		产生	用途
资本公积金		直接由资本原因形成，溢价款及国务院财政部门规定列入的收入	(1) 弥补公司亏损。 (2) 扩大生产经营。 (3) 转增公司资本。 提示：公积金弥补公司亏损，应当先使用任意公积金和法定公积金；仍不能弥补的，可以按照规定使用资本公积金
盈余公积金	法定公积金	税后利润的 10% 提取；注册资本 50% 以上的可不再提取。提示：转增后所留存的法定公积金不得少于转增前公司注册资本的 25%	
	任意公积金	股东会决议提取	

- **公司重大变更**
  - 合并
    - (1) 形式
      - ①吸收合并 — 吸收其他公司加入本公司，被吸收的公司解散
      - ②新设合并 — 两个以上公司合并设立一个新的公司，合并各方解散
    - (2) 债权债务承担 — 合并各方的债权债务由合并后的公司承继
  - 分立
    - (1) 形式
      - ①派生分立 — 公司以其部分财产另设一个新的公司，原公司存续
      - ②新设分立 — 公司以其全部财产分别归入两个以上的新设公司，原公司解散
    - (2) 债权债务承担 — 分立前的债务由分立后的公司承担连带责任，书面协议另有约定的除外

- **公司解散和清算**
  - 解散的原因
    - (1) 原因
      - ①公司章程规定的营业期限届满或解散事由出现
      - ②股东会决议解散
      - ③因公司合并、分立需要解散
      - ④依法被吊销营业执照、责令关闭或被撤销
      - ⑤人民法院依法予以解散
    - (2) 目的 — 终止公司法人资格
  - 清算
    - (1) 不适用情形 — 因合并、分立而解散
    - (2) 清算义务人 — 董事
    - (3) 清算期间行为限制
      - ①禁止扩张 — 不再从事新的经营活动
      - ②禁止财产分配 — 公司财产在未按法定程序清偿前，不得分配给股东

公司法律制度

- 公司解散和清算
  - 清算
    - (4) 清算组
      - ①成立
        - a. 自行成立
          - Ⅰ. 设立 — 解散事由出现之日起 15 日内成立
          - Ⅱ. 组成 — 清算组由董事组成，但是公司章程另有规定或者股东会决议另选他人的除外
        - b. 法院指定
          - Ⅰ. 设立
            - · 公司解散逾期不成立清算组的
            - · 成立清算组后不清算的
          - Ⅱ. 组成
            - · 公司股东、“董监高”
            - · 律师事务所、会计师事务所、破产清算事务所等中介机构及其执业人员
      - ②职权
        - a. 清理公司财产，分别编制资产负债表和财产清单
        - b. 通知、公告债权人
        - c. 处理与清算有关的公司未了结的业务
        - d. 清缴所欠税款以及清算过程中产生的税款
        - e. 清理债权、债务
        - f. 分配公司清偿债务后的剩余财产
        - g. 代表公司参与民事诉讼活动
    - (5) 清算工作的程序
      - ①通知并登记
        - a. 清算组成立 10 日内通知债权人，并于 60 日内在报纸或国家企业信用信息公示系统公告
        - b. 债权人自接到通知书之日起 30 日内，未接到通知书的自公告之日起 45 日内，向清算组申报债权
      - ②清理公司财产，制订清算方案 — 清算组在清理公司财产、编制资产负债表和财产清单后，应制订清算方案，并报股东会或人民法院确认
      - ③清偿债务，分配剩余财产 — 清偿顺序——清算费用→职工的工资→社会保险费用→法定补偿金→缴纳所欠税款→清偿公司债务→分配剩余财产
        - 有限责任公司按照股东的出资比例分配，股份有限公司按照股东持有的股份比例分配
      - ④确认清算报告，申请注销登记
        - a. 公司清算结束后，清算组应当制作清算报告，报股东会或者人民法院确认，并报送公司登记机关，申请注销公司登记
        - b. 清算组应当自清算结束之日起 30 日内向登记机关申请注销登记
        - c. 公司申请注销登记前，应当依法办理分支机构注销登记

笔记区

第七章 证券法律制度

（考18分）

证券法律制度

概述

适用范围

种类	发行环节	交易环节
股票、公司债券、可转债、存托凭证	适用《中华人民共和国证券法》（以下简称《证券法》）	适用《证券法》
资产支持证券、资产管理产品（“准证券”）	适用《证券法》	适用《证券法》
政府债券、证券投资基金份额	不适用《证券法》	适用《证券法》

证券市场的结构

（1）我国证券市场的整体结构

交易场所类型	说明
证券交易所	上海证券交易所（会员制）：主板、科创板（二板）。 深圳证券交易所（会员制）：主板、创业板（二板）。 北京证券交易所（公司制）：北交所上市公司 法律地位可被界定为我国的二板市场
全国中小企业股份转让系统（新三板）	基础层、创新层（原精选层的挂牌公司已全部转为北京证券交易所第一批上市公司）
区域性股权市场	地方设立，国有产权交易一般通过产权交易所进行

（2）证券监督管理机构证券执法的法律意义和执法范围 新

①证券执法的法律意义 — 惩戒违法者，威慑潜在违法者，补偿投资者

②证券执法范围

- a. 上海 / 深圳 / 北京证券交易所和全国股转系统，以及区域性股权市场中涉及公开发行或公开交易的事项
- b. 银行间债券市场、交易所债券市场的违法行为
- c. 涉及公司债券、企业债券、债务融资工具、金融债券等各类债券品种的违法违规行为
- d. 商业银行、证券公司等在承销各类债券过程中的违法行为

（3）行政执法当事人承诺 新

①法律特征

- a. 当事人承诺仅适用于自当事人收到证券监督管理机构案件调查法律文书之日至证券监督管理机构作出行政处罚决定前。如果相关行政处罚决定已作出，则不能适用当事人承诺
- b. 当事人承诺应由被调查的当事人向证券监督管理机构书面提出申请。书面申请中应载明当事人已采取或者承诺采取的纠正涉嫌违法行为、赔偿有关投资者损失、消除损害或者不良影响的措施等事项
- c. 当事人承诺的申请已经证券监督管理机构认可，则中止案件调查。证券监督管理机构在与当事人签署承诺认可协议前，不停止对案件事实的调查
- d. 当事人完全履行承诺认可协议后，证券监督管理机构应当终止案件调查。被调查的当事人未履行承诺或者有国务院规定的其他情形的，应当恢复调查

- ②行业自律
  - a. 中国证券业协会——其会员是各类证券经营机构，会员大会是其最高权力机关，决定证券业协会的重大事项
  - b. 证券交易场所——设立、变更和解散由国务院决定
  - c. 证券服务机构——包括会计师事务所、律师事务所、资产评估机构等中介机构及其从业人员

投资者保护制度

- (1) 证券公司的适当义务 — 如实说明证券、服务的重要内容，充分揭示投资风险；销售与投资者状况相匹配的证券或服务
- (2) 对普通投资者的特殊保护 — 普通投资者与证券公司发生纠纷的，证券公司需自证清白
- (3) 投资者保护机构
  - ①代理权征集 — 上市公司董事会、独立董事、单独持有≥1%表决权股份的股东及投资者保护机构，可作为征集人，公开请求上市公司股东委托其代为出席股东大会，并代为行使提案权、表决权（禁止以有偿或变相有偿的方式公开征集股东权利）
  - ②证券纠纷调解 — 普通投资者提出调解请求的，证券公司不得拒绝
  - ③证券支持诉讼 — 可支持投资者对损害其利益的行为向人民法院提起诉讼
  - ④股东派生诉讼
    - a. 适用情形 — 发行人的“董监高”、控股股东、实际控制人等给公司造成损失
    - b. 原告资格 — 投资者保护机构可以为公司的利益以自己的名义向人民法院提起诉讼，持股比例和持股期限不受《中华人民共和国公司法》规定的限制（不限制“180天+1%”）
  - ⑤代表人诉讼
    - a. 前提 — 提起虚假陈述等证券民事赔偿诉讼，诉讼标的是同一类且当事人一方人数众多的
    - b. 普通/特别代表人诉讼
- (4) 先行赔付机制
  - ①先行赔付 — 发行人的控股股东、实际控制人、相关的证券公司可委托投资者保护机构，就赔偿事宜与受到损失的投资者达成协议，予以先行赔付
  - ②赔付后可追偿 — 先行赔付后，可依法向发行人以及其他连带责任人追偿

证券市场看门人制度（新）

- (1) 范围
  - ①证券中介机构——主要是指券商。即在证券发行、交易过程中从事证券承销、保荐、经纪等业务的证券公司
  - ②证券服务机构——主要包括会计师事务所、资产评估机构、财务顾问、资信评级机构以及律师事务所等
- (2) 履职标准——勤勉尽责，恪尽职守
- (3) 证券市场看门人的民事赔偿责任
  - ①普通民事侵权行为——在普通民事侵权行为中，会计师事务所、资产评估机构、财务顾问、资信评级机构以及律师事务所等服务机构通常根据其过错程度对委托人的损失承担赔偿责任
  - ②证券虚假陈述民事侵权行为——证券公司、会计师事务所、资产评估机构、财务顾问、资信评级机构以及律师事务所等市场看门人承担连带责任的归责原则是过错推定，即只要不能证明自己没有过错，就应与发行人或委托人承担连带赔偿责任

股票的发行（全面注册制）

- 公开发行与非公开发行
  - (1) 公开发行
    - ①向不特定对象发行股票
    - ②向特定对象发行股票累计＞200人（依法实施员工持股计划的员工人数不计算在内）
    - ③采用广告、公开劝诱等方式宣传证券发行活动
  - (2) 非公开发行 — 不得采用广告、公开劝诱和变相公开方式发行股票

证券法律制度

股票的发行

全面注册制

首次公开发行（IPO）

（1）条件

事项	上交所、深交所主板	深交所创业板	上交所科创板
一般条件	①具备健全且运行良好的组织机构；②具有持续经营能力；③最近3年财务会计报告被出具无保留意见审计报告；④发行人及其控股股东、实际控制人最近3年不存在“贪贿占挪”财产或破坏社会主义市场经济秩序的刑事犯罪；⑤经国务院批准的国务院证券监督管理机构规定的其他条件		
存续时间	发行人是依法设立且持续经营3年以上的股份公司（有限公司按原账面净资产值折股整体变更为股份公司的，可从有限公司成立之日起算）		
财务与内控规范	发行人会计基础工作规范，最近3年财务会计报告是无保留意见的审计报告。内部控制制度健全且有效执行，并被出具无保留结论的内部控制鉴证报告		
资产完整	发行人资产完整，业务及人员、财务、机构独立，与控股股东、实际控制人及其控制的其他企业间不存在对发行人构成重大不利影响的同业竞争，不存在严重影响独立性或显失公平的关联交易		
业务稳定	发行人最近3年内主营业务没有发生重大变化	发行人最近2年内主营业务没有发生重大不利变化	
人员稳定	发行人最近3年内董事、高级管理人员没有发生重大不利变化	发行人最近2年内董事、高级管理人员没有发生重大不利变化	
核心技术人员稳定	—	—	核心技术人员应当稳定且最近2年内没有发生重大不利变化
股权稳定	发行人最近3年内实际控制人没有发生变更	发行人最近2年实际控制人没有发生变更	
诉讼纠纷	发行人不存在涉及主要资产、核心技术、商标等的重大权属纠纷，重大偿债风险，重大担保、诉讼、仲裁等或有事项，经营环境已经或将要发生重大变化等对持续经营有重大不利影响的事项		
发行人控股股东实际控制人	发行人及其控股股东、实际控制人最近3年内不存在：①贪污、贿赂、侵占财产、挪用财产或者破坏社会主义市场经济秩序的刑事犯罪；②欺诈发行、重大信息披露违法；③其他涉及国家安全、公共安全、生态安全、生产安全、公众健康安全等领域的重大违法行为		
“董监高”	董事、监事和高级管理人员最近3年内不存在：①中国证监会行政处罚；②因涉嫌犯罪正在被司法机关立案侦查且尚未有明确结论意见；③涉嫌违法违规正在被中国证监会立案调查且尚未有明确结论意见		

（2）注册程序

董事会审议
↓
股东大会审议（特别决议）
↓
交易所审核（3个月内）
- 符合条件 → 报中国证监会注册（20个工作日内）
  - 同意 → 自作出同意注册决定起1年内有效（发行人应在注册决定有效期内发行股票，发行时点由发行人自主选择）
  - 不同意 → 交易所作出终止发行上市审核决定或中国证监会不予注册决定的，自决定作出之日起6个月后，发行人可再次提出公开发行股票和上市申请
- 不符合条件 → 作出终止发行上市审核决定 → 交易所作出终止发行上市审核决定或中国证监会不予注册决定的，自决定作出之日起6个月后，发行人可再次提出公开发行股票和上市申请

- (3) 老股转让条件
  - ①公司首次公开发行时，老股已持有时间应≥ 36 个月
  - ②转让后公司的股权结构不得发生重大变化，实际控制人不得发生变更
  - 同时满足
- (4) 股票承销
  - ①方式
    - a. 代销
      - Ⅰ. 含义 — 证券公司代发行人发售股票，在承销期结束时，将未售出的股票全部退还给发行人
      - Ⅱ. 发行失败 — 代销期限届满，出售数量未达到拟公开发行股票数量的 70%
      - Ⅲ. 发行失败的后果 — 发行人按照发行价并加算银行同期存款利息返还股票认购人
    - b. 包销 — 含义 — 证券公司将发行人的证券按照协议全部购入或在承销期结束时将售后剩余证券全部自行购入
  - ②期限 — 证券的代销、包销期限最长不得超过 90 日
- (5) 保荐
  - ①法定保荐的范围
    - a. 首次公开发行股票
    - b. 向不特定合格投资者公开发行股票并在北京证券交易所上市
    - c. 上市公司发行新股、可转换公司债券
    - d. 公开发行存托凭证
  - ②保荐人资格及职责
    - a. 资格
      - Ⅰ. 除证券公司外，任何单位和个人不得从事证券承销、证券保荐、证券经纪和证券融资融券业务
      - Ⅱ. 证券发行的主承销商可以由该保荐机构担任，也可以由其他具有保荐业务资格的证券公司与该保荐机构共同担任
    - b. 职责 — 发行过程中的尽职推荐和审慎核查，以及发行人上市后一段时期内的持续督导
    - c. 义务 — 保荐人应承诺其有充分理由确信发行人符合法律法规及中国证监会有关证券发行上市的相关规定，有充分理由确信发行人申请文件和信息披露资料不存在虚假记载、误导性陈述或者重大遗漏等
  - ③保荐人的民事法律责任（过错推定责任）
    - a. 撤销注册时与发行人连带承担的返还发行价款的民事责任
    - b. 发生虚假陈述民事赔偿时与发行人连带承担的民事责任

上市公司再融资

- (1) 方式
  - ①配股 — 向老股东发行
  - ②增发 — 向不特定对象公开发行
  - ③非公开发行股票 — 向特定对象发行
- (2) 注册程序 — 董事会审议（董事会决议日与首次公开发行股票上市日的时间间隔≥ 6 个月，引入战略投资者的，每名“战投”单独审议）→股东大会审议（特别决议，中小股东表决单独计票，引入战略投资者的，每名“战投”单独审议）→交易所审核（2 个月）→中国证监会注册（15 日）

证券法律制度

股票的发行

全面注册制

上市公司再融资

(3) 发行股票条件

①向不特定对象发行

a. 一般条件

正面清单（符合规定）	负面清单（不得存在情形）
Ⅰ. 具备健全且运行良好的组织机构。 Ⅱ. 现任董事、监事和高级管理人员符合法律、行政法规规定的任职要求。 Ⅲ. 具有完整的业务体系和直接面向市场独立经营的能力，不存在对持续经营有重大不利影响的情形。 Ⅳ. 最近 3 年财务会计报告被出具无保留意见审计报告。 Ⅴ. 除金融类企业外，最近一期期末不存在金额较大的财务性投资	Ⅰ. 擅自改变前次募集资金用途未作纠正，或未经股东大会认可。 Ⅱ. 上市公司或者其控股股东、实际控制人： · 最近 1 年存在未履行向投资者作出的公开承诺的情形。 · 最近 3 年存在贪污、贿赂、侵占财产、挪用财产或者破坏社会主义市场经济秩序的刑事犯罪。 · 最近 3 年存在严重损害上市公司利益、投资者合法权益、社会公共利益的重大违法行为。 Ⅲ. 上市公司或者其现任董事、监事和高级管理人员： · 最近 3 年受到中国证监会的行政处罚。 · 最近 1 年受到证券交易所的公开谴责。 · 因涉嫌犯罪正在被司法机关立案侦查。 · 涉嫌违法违规正在被中国证监会立案调查

b. 特殊条件——配股

- Ⅰ. 盈利能力 — 上市公司配股的，应当最近 3 个会计年度盈利
- Ⅱ. 发行数量 — 拟配售股份数量≤本次配售前股本总额的 50%
- Ⅲ. 公开承诺 — 控股股东应当在股东大会召开前公开承诺认配股份的数量
- Ⅳ. 承销方式 — 应当采用代销方式发行
- Ⅴ. 发行失败
  - · 认定 — 控股股东不履行认配股份的承诺或代销期限届满，原股东认购股票的数量＜拟配售数量 70% 的
  - · 后果 — 上市公司应按发行价并加算银行同期存款利息返还已经认购的股东

c. 特殊条件——增发

- Ⅰ. 盈利能力 — 主板上市公司增发的，最近 3 个会计年度盈利 + 最近 3 个会计年度加权平均净资产收益率平均≥ 6%
- Ⅱ. 发行价格 — 应当≥公告招股意向书前 20 个交易日或前 1 个交易日公司股票均价

②向特定对象发行（非公开发行）

a. 负面清单（不得存在情形）

事项	不得存在的情形
前募用途	擅自改变前次募集资金用途未作纠正，或者未经股东大会认可
财务规范	最近 1 年财务会计报告被出具否定意见 / 无法表示意见或保留意见 + 保留意见涉及重大不利影响尚未消除的审计报告（本次发行涉及重大资产重组的除外）

续表

事项	不得存在的情形
上市公司控股股东实际控制人	Ⅰ．上市公司：最近 3 年存在严重损害投资者合法权益或者社会公共利益的重大违法行为。 Ⅱ．控股股东、实际控制人：最近 3 年存在严重损害上市公司利益或者投资者合法权益的重大违法行为
"董监高"	Ⅰ．现任董事、监事和高级管理人员： ·最近 3 年受到中国证监会的行政处罚。 ·最近 1 年受到证券交易所的公开谴责。 Ⅱ．上市公司或者其现任董事、监事和高级管理人员： ·因涉嫌犯罪正在被司法机关立案侦查。 ·涉嫌违法违规正在被中国证监会立案调查

b. 发行对象 — 应当符合股东大会决议规定的条件，且每次发行对象≤ 35 名

c. 发行价格 — ≥定价基准日前 20 个交易日公司股票均价的 80%

d. 锁定期

- Ⅰ．上市公司的控股股东、实际控制人或其控制的关联人
- Ⅱ．通过认购本次发行的股份取得上市公司实际控制权的投资者
- Ⅲ．董事会拟引入的境内外战略投资者

（以上：自发行结束之日起 18 个月）

- Ⅳ．除上述情形外，上市公司应当以竞价方式确定发行价格和发行对象 — 自发行结束之日起 6 个月

e. 定价基准日

- Ⅰ．锁定期为上述情形 18 个月的 — （3 选 1）
  - ·董事会决议公告日
  - ·股东大会决议公告日
  - ·发行期首日
- Ⅱ．锁定期为上述情形 6 个月的 — 发行期首日

优先股

（1）特点

①优先分配利润和公司剩余财产

②优先股股东通常不出席股东大会、没有表决权，但可参与下列特殊事项

- a. 修改公司章程中与优先股相关的内容
- b. 一次或累计减少公司注册资本超过 10%
- c. 公司合并、分立、解散或变更公司形式
- d. 发行优先股
- e. 公司章程规定的其他情形

（以上：须经出席会议的普通股股东（含表决权恢复的优先股股东）所持表决权 2/3 以上 + 通过出席会议的优先股股东（不含表决权恢复的优先股股东）所持表决权 2/3 以上通过）

③恢复表决权：公司累计 3 个会计年度或连续 2 个会计年度未按约定支付优先股股息的，优先股股东有权出席股东会，每股优先股股份享有公司章程规定的表决权

（2）发行对象 — 上市公司（公开或非公开发行）、非上市公众公司（非公开发行）

证券法律制度

股票的发行

优先股

(3) 票面金额和发行价格

- ①票面金额 — 每股票面金额为 100 元
- ②发行价格 — 不得低于优先股票面金额
- ③票面股息率
  - a. 向不特定对象发行优先股的价格或票面股息率以市场询价或中国证监会认可的其他公开方式确定
  - b. 向特定对象发行优先股的票面股息率不得高于最近 2 个会计年度的年均加权平均净资产收益率

(4) 发行条件

①一般条件

正面清单（符合规定）	负面清单（不得存在情形）
a. 已发行的优先股≤普通股股份总数的 50%+ 筹资金额≤发行前净资产的 50%（已回购、转换的优先股不纳入计算）。 b. 最近 3 个会计年度实现的年均可分配利润应≥优先股 1 年的股息。 c. 最近 3 年现金分红情况应符合章程及中国证监会的监管规定。 d. 最近 1 年财务报表被注册会计师出具的审计报告为非标准审计报告的，所涉及事项对公司无重大不利影响或在发行前重大不利影响已经消除。 e. 同一次发行的优先股，条款应相同。每次优先股发行完毕前，不得再次发行优先股	a. 本次发行申请文件有虚假记载、误导性陈述或重大遗漏。 b. 最近 12 个月内受到过中国证监会的行政处罚。 c. 因涉嫌犯罪正被司法机关立案侦查或涉嫌违法违规正被中国证监会立案调查。 d. 上市公司的权益被控股股东或实际控制人严重损害且尚未消除。 e. 上市公司及其附属公司违规对外提供担保且尚未解除。 f. 存在可能严重影响公司持续经营的担保、诉讼、仲裁、市场重大质疑或其他重大事项。 g. 其董事和高级管理人员不符合法律、行政法规和规章规定的任职资格。 h. 严重损害投资者合法权益和社会公共利益的其他情形

②上市公司公开发行的特殊条件

维度	规定
主体范围	应当符合以下情形之一： a. 其普通股为上证 50 指数成份股。 b. 以向不特定对象发行优先股作为支付手段收购或吸收合并其他上市公司。 c. 以减少注册资本为目的回购普通股的，可公开发行优先股作为支付手段，或在回购方案实施完毕后，可公开发行≤回购减资总额的优先股
盈利能力	最近 3 个会计年度应连续盈利
财务规范	最近 3 年财务报表被注册会计师出具的审计报告应当为标准审计报告或带强调事项段的无保留意见的审计报告
强制标准化	必须在公司章程中规定以下事项： a. 采取固定股息率。 b. 在有可分配税后利润的情况下必须向优先股股东分配股息。 c. 未向优先股股东足额派发股息的差额部分应累积到下一会计年度。 d. 优先股股东按照约定的股息率分配股息后，不再同普通股股东一起参加剩余利润分配
承诺履行	公司及其控股股东或实际控制人最近 12 个月内应当不存在违反向投资者作出的公开承诺的行为
合法合规	最近 36 个月内因违反工商、税收、土地、环保、海关法律、行政法规或规章，受到行政处罚且情节严重的，不得公开发行优先股

股票的上市与交易

- 上市
  - (1) 程序 — 应向证券交易所申请证券上市交易，由证券交易所依法审核同意，并由双方签订上市协议
  - (2) 条件 — 上海、深圳证券交易所分别对主板、科创板和创业板的股票上市进行了不同的规定。《科创板股票上市规则》和《创业板股票上市规则》则规定了与主板不同的上市条件，尤其是在市值及财务指标方面，既有明确的数量门槛标准，又更为多样化和包容化
- 场内交易模式
  - (1) 集中竞价 是目前我国 A 股市场上最主要的交易方式
    - ①证券交易按价格优先原则 — 较高价格买进申报优先于较低价格买进申报，较低价格卖出申报优先于较高价格卖出申报
    - ②时间优先原则 — 买卖方向、价格相同的，先申报者优先于后申报者。先后顺序按交易主机接受申报的时间确定
  - (2) 大宗交易 — 一般是指交易规模（包括交易的数量和金额）非常大，超过市场的平均交易规模的交易模式
  - 北京证券交易所目前主要采用的是做市商交易方式，科创板股票和存托凭证可以采用做市商交易方式
  - (3) 做市商交易 — 是指在证券市场上，由符合条件的证券商向投资者报出双边持续报价，并在该价位上接受投资者的买、卖要求，以其自有资金和自有证券或其他有权处分的证券与投资者进行证券交易，并为市场提供流动性的一种交易方式

公司债券的发行与交易

- 公司债券发行
  - (1) 公开发行

发行方式	发行通用条件	发行特殊条件	交易场所
向专业投资者公开发行（“小公募”）	①具备健全且运行良好的组织机构。 ②最近 3 年平均可分配利润足以支付公司债券 1 年的利息。 ③具有合理的资产负债结构和正常的现金流量。 ④公开发行公司债券筹集的资金不得用于弥补亏损和非生产性支出。 ⑤募集资金须按照公司债券募集办法所列资金用途使用。 ⑥改变资金用途必须经债券持有人会议作出决议。 ⑦有下列情形之一的，不得再次公开发行公司债券： a. 对已公开发行的公司债券或者其他债务有违约或者延迟支付本息的事实，仍处于继续状态。 b. 违反《证券法》规定，改变公开发行公司债券所募资金的用途	—	在证券交易场所交易。证券交易场所包括证券交易所、全国股转系统
向公众投资者公开发行（“大公募”）		①发行人最近 3 年无债务违约或迟延支付本息的事实。 ②发行人最近 3 年平均可分配利润≥债券 1 年利息的 1.5 倍。 ③发行人最近一期末净资产规模≥ 250 亿元。 ④发行人最近 36 个月内累计公开发行债券不少于 3 期，发行规模≥ 100 亿元	

  - (2) 非公开发行

维度	规定
发行对象	专业投资者，每次发行对象≤ 200 人（转让后也≤ 200 人）
发行方式	不得采用广告、公开劝诱和变相公开方式
备案机关	每次发行完成后 5 个工作日内向中国证券业协会备案
交易场所	可申请在证券交易场所或证券公司柜台转让

- 公司债券公开发行期限
  - (1) 公开发行公司债券，可以申请一次注册，分期发行
  - (2) 中国证监会同意注册的决定自作出之日起 2 年内有效，发行人在注册决定有效期内发行公司债券，并自主选择发行时点
  - (3) 公开发行公司债券的募集说明书自最后签署之日起 6 个月内有效

证券法律制度

公司债券的发行与交易

上市公司发行可转债

（1）发行条件

类别	规定
“债”的条件	①具备健全且运行良好的组织机构。 ②最近 3 年平均可分配利润足以支付公司债券 1 年的利息。 ③具有合理的资产负债结构和正常的现金流量
“股”的条件	①上市公司发行可转换债券应当符合上市公司发行新股的一般条件。但上市公司通过收购本公司股份的方式进行公司债券转换的除外（因为不需要发行新股）。 ②交易所主板上市公司向不特定对象发行可转债的，应当最近 3 个会计年度盈利 + 最近 3 个会计年度加权平均净资产收益率≥ 6%
负面清单	上市公司存在下列情形之一的，不得发行可转换公司债券： ①对已公开发行的公司债券或其他债务有违约或延迟支付本息的事实，仍处于继续状态。 ②违反《证券法》规定，改变公开发行公司债券所募资金用途

（2）发行条款

分类	债券利率	转股价格
向不特定对象发行	由上市公司与主承销商依法协商确定	应≥募集说明书公告日前 20 个交易日上市公司股票交易均价和前 1 个交易日均价
向特定对象发行	应当采用竞价方式确定利率和发行对象	应≥认购邀请书发出前 20 个交易日上市公司股票交易均价和前 1 个交易日的均价

（3）转股
- ①时间 — 可转债发行结束 6 个月后可转股
- ②价格修正 — 向特定对象发行的转股价格不得向下修正
- ③锁定期 — 向特定对象发行的可转债转股的，所转股票自可转债发行结束之日起 18 个月内不得转让

首次信息披露

（1）招股说明书

维度	规定
财务数据	①引用的财务数据有效期：最近一期截止日后 6 个月（特别情况下可延长期限≤ 3 个月）。 ②招股说明书有效期：自公开发行前招股书最后一次签署之日起计算 6 个月
招股说明书及相关文件的签署主体	发行人及其“董监高”、控股股东、实际控制人、保荐机构及代表人

（2）上市公告书 — 发行人首次公开发行证券完成后，申请证券上市交易，应当按照证券交易所的规定编制上市公告书，并在符合条件的媒体予以披露

（1）定期报告
- ①年度报告 — 每年 4 月 30 日前
- ②中期报告（半年报） — 每年 8 月 31 日前

①可能对股票交易价格产生较大影响的情形（发生了影响股票价格的重大事件）

信息披露

持续信息披露

(2) 临时报告

类型	规定
业务	a. 公司生产经营的外部条件发生的重大变化。 b. 公司的经营方针和经营范围的重大变化。 c. 公司订立重要合同、提供重大担保或从事关联交易，可能对公司的资产、负债、权益和经营成果产生重要影响。 d. 公司的重大投资行为，公司在一年内购买、出售重大资产＞公司资产总额 30%。 e. 公司营业用主要资产的抵押、质押、出售或报废一次超过该资产的 30%。 f. 公司减资、合并、分立、解散及申请破产的决定。 g. 公司依法进入破产程序、被责令关闭。 h. 公司的实际控制人及其控制的其他企业从事与公司相同或相似业务的情况发生较大变化
人事	a. 公司的董事、1/3 以上监事或经理发生变动，董事长或经理无法履行职责。 b. 公司的控股股东、实际控制人、董事、监事、高级管理人员涉嫌犯罪被依法采取强制措施
财务	a. 公司发生重大亏损或重大损失。 b. 公司发生重大债务和未能清偿到期重大债务的违约情况。 c. 公司分配股利、增资的计划的重要变化
股权	a. 公司股权结构的重要变化。 b. 持有公司 5% 以上股份的股东或实际控制人持有股份或控制公司的情况发生较大变化
违法违规	a. 股东大会、董事会决议被依法撤销或宣告无效。 b. 涉及公司的重大诉讼、仲裁。 c. 公司涉嫌犯罪被依法立案调查

②披露时间
- a. 主动披露
  - Ⅰ. “形成决议时”：董事会或监事会就该重大事件形成决议时
  - Ⅱ. “签署协议时”：签署意向书或协议
  - Ⅲ. “董监高”知悉时：公司（含“董监高”）知悉或应当知悉该重大事项发生
- b. 被动披露
  - Ⅰ. 该重大事件难以保密
  - Ⅱ. 该重大事件已经泄露或市场出现传闻
  - Ⅲ. 公司证券及其衍生品种出现异常交易情况

（孰早）触发披露时点 +2 个交易日

事务管理

(1) 主要责任归属

“五性”：真实性、准确性、完整性、及时性、公平性

- ①原则 — “董监高”应对信息披露的“五性”负责，但有充分证据表明其已经履行勤勉尽责义务的除外
- ②临时报告 — 董事长、经理、董事会秘书对信息披露的“五性”承担主要责任
- ③财务报告 — 董事长、经理、财务负责人应对公司财务会计报告的“五性”承担主要责任

(2) 异议声明制度

- ①定义 — “董监高”无法保证证券发行文件和定期报告内容真实性、准确性、完整性或有异议的，应当在书面确认意见中发表意见并陈述理由，发行人应当披露。发行人不予披露的，“董监高”可直接申请披露
- ②虚假陈述民事责任免责 — 书面发表异议 + 披露 + 未投赞成票
- ③虚假陈述行政责任免责 — 异议记载于董事会、监事会、公司办公会会议记录 + 投反对票

证券法律制度

证券违法行为

虚假陈述

(1) 行为界定

- ①虚假记载 — 披露的信息中对相关财务数据进行重大不实记载，或对其他重要信息作出与真实情况不符的描述
- ②误导性陈述 — 披露的信息隐瞒了与之相关的部分重要事实，或未及时披露相关更正、确认信息，致使已经披露的信息因不完整、不准确而具有误导性
- ③重大遗漏 — 违反关于信息披露的规定，对重大事件或重要事项等应当披露的信息未予披露
- ④未按照规定披露信息 — 未按规定的期限、方式等要求及时、公平披露信息

(2) 行政责任

①责任主体

主体	责任类型	具体责任
发行人或上市公司的“董监高”	过错推定责任	应当视情形认定其为直接负责的主管人员或者其他直接责任人员承担行政责任，但其能够证明已尽忠实、勤勉义务，没有过错的除外
信息披露义务人的控股股东、实控人	过错责任	如有证据证明出现以下情形，应当认定控股股东、实际控制人的信息披露违法责任： a. 信息披露义务人受控股股东、实际控制人指使未按规定披露信息或进行虚假陈述行为。 b. 控股股东、实际控制人直接授意、指挥从事信息披露违法行为。 c. 控股股东、实际控制人隐瞒应当披露信息、不告知应当披露信息的
其他人员	过错责任	确有证据证明其行为与信息披露违法行为具有直接因果关系，包括实际承担或者履行“董监高”的职责，组织、参与、实施了公司信息披露违法行为或者直接导致信息披露违法的，应当视情形认定其为直接负责的主管人员或者其他直接责任人员

②不予处罚的情形

- a. 当事人对认定的信息披露违法事项提出具体异议记载于董事会、监事会、公司办公会会议记录等，并在上述会议中投反对票
- b. 当事人在信息披露违法事实所涉及期间，由于不可抗力、失去人身自由等无法正常履行职责
- c. 对公司信息披露违法行为不负有主要责任的人员在公司信息披露违法行为发生后及时向公司和证券交易所、证券监管机构报告

③不得单独作为不予处罚的情形

特点	情况
“没管事”	不直接从事经营管理
“没能力”	a. 能力不足、无相关职业背景。 b. 任职时间短、不了解情况
“没判断”	a. 相信专业机构或者专业人员出具的意见和报告。 b. 受到股东、实际控制人控制或者其他外部干预

(3) 民事责任

①一般承担规则

责任主体	责任类型	具体责任
信息披露义务人	无过错责任	应当承担赔偿责任
发行人的控股股东、实际控制人、董事、监事、高级管理人员和其他直接责任人员以及保荐人、承销的证券公司及其直接责任人员	过错推定责任	应当与发行人承担连带赔偿责任，但是能够证明自己没有过错的除外
证券服务机构	过错推定责任	其制作、出具的文件有虚假记载、误导性陈述或者重大遗漏，给他人造成损失的，应当与发行人、上市公司承担连带赔偿责任，但是能够证明自己没有过错的除外

②相关责任人证明"自己没有过错"的方式

相关责任人	证明方式
发行人的"董监高"和其他直接责任人员（异议＋披露＋没赞成）	以书面方式发表附具体理由的意见并依法披露的，人民法院可认定其主观上没有过错，但在审议、审核信息披露文件时投赞成票的除外
独立董事、外部监事和职工监事（异议、报告、找帮手）	a. 在签署相关信息披露文件之前，对不属于自身专业领域的相关具体问题，借助专门职业的帮助仍未能发现问题的。 b. 在揭露日或更正日之前，发现虚假陈述后及时向发行人提出异议并监督整改或向相关部门书面报告的。 c. 在独立意见中对虚假陈述事项发表保留 / 反对 / 无法表示意见并说明具体理由的，但在审议、审核相关文件时投赞成票的除外。 d. 因发行人拒绝、阻碍其履行职责，导致无法对相关信息披露文件是否存在虚假陈述作出判断，并及时向有关部门书面报告的。 e. 能够证明勤勉尽责的其他情形
保荐机构、承销机构等机构及其直接责任人员（勤勉＋独立＋复核）	a. 根据行业执业规范的要求，对信息披露文件中的相关内容进行了审慎尽职调查。 b. 对信息披露文件中没有证券服务机构专业意见支持的重要内容，经过审慎尽职调查和独立判断，有合理理由相信该部分内容与真实情况相符。 c. 对信息披露文件中证券服务机构出具专业意见的重要内容，经过审慎核查和必要的调查、复核，有合理理由排除了职业怀疑并形成合理信赖
证券服务机构（勤勉）	能证明其对所依赖的基础工作或专业意见经过审慎核查和必要的调查、复核，排除了职业怀疑并形成合理信赖
会计师事务所的额外要求（准则、外部、舞弊）	a. 保持必要的职业谨慎，仍未发现被审计的会计资料存在错误的。 b. 已对发行人的舞弊迹象提出警告并在审计业务报告中发表了审慎审计意见的

③交易因果关系推定

- a. 重要时点
  - Ⅰ. 虚假陈述实施日 — 作出虚假陈述或发生虚假陈述之日
  - Ⅱ. 虚假陈述揭露日 — 虚假陈述在媒体上，首次被公开揭露并为证券市场知悉之日
  - Ⅲ. 虚假陈述更正日 — 自行更正虚假陈述之日
- b. 因果关系推定成立的条件
  - Ⅰ. 信息披露义务人实施了虚假陈述
  - Ⅱ. 原告交易的是与虚假陈述直接关联的证券
  - Ⅲ. 原告在虚假陈述实施日之后、揭露日或更正日之前实施了相应的交易行为（即在诱多型虚假陈述中买入了相关证券，或者在诱空型虚假陈述中卖出了相关证券）
- c. 可以反证因果关系不成立的情形
  - Ⅰ. 原告的交易行为发生在虚假陈述实施前，或是在揭露或更正之后
  - Ⅱ. 原告在交易时知道或应当知道存在虚假陈述，或虚假陈述已经被证券市场广泛知悉
  - Ⅲ. 原告的交易行为是受到虚假陈述实施后发生的上市公司的收购、重大资产重组等其他重大事件的影响
  - Ⅳ. 原告的交易行为构成内幕交易、操纵证券市场等证券违法行为的
  - Ⅴ. 原告的交易行为与虚假陈述不具有交易因果关系的其他情形

证券法律制度

证券违法行为

虚假陈述

(3) 民事责任

④损失及损失因果关系的证明

投资差额损失、投资差额损失部分的佣金和印花税

- a. 损失的认定范围 — 以原告因虚假陈述而实际发生的损失为限
- b. 投资差额损失的认定

实施日→揭露日或更正日的行为	揭露日或更正日→基准日的行为	损失计算公式
买入	卖出	(买入均价 - 卖出均价) × 卖出数量
买入	未卖出	(买入均价 - 基准价格) × 未卖出数量
卖出	买回	(买回均价 - 卖出均价) × 买回数量
卖出	未买回	(基准价格 - 卖出均价) × 未买回数量

- c. 对损失的抗辩 — 被告能举证证明原告的损失部分或全部是由他人操纵市场、证券市场的风险、证券市场对特定事件的过度反应、上市公司内外部经营环境等其他因素所导致的，可对其关于相应减轻或免除责任进行抗辩

(4) 民事诉讼

①类别

- a. 普通代表人诉讼
  - Ⅰ. 适用条件
    - 原告一方≥ 10 人，起诉符合民事诉讼法规定和共同诉讼条件
    - 起诉书中确定 2 ~ 5 名拟任代表人且符合代表人条件
    - 原告提交初步证据
  - Ⅱ. 明示加入制度 — 人民法院可发公告，说明案件情况，通知投资者在一定期间向人民法院登记
  - Ⅲ. 效力 — 人民法院作出的判决、裁定，仅对参加登记的投资者发生效力
- b. 特别代表人诉讼
  - Ⅰ. 适用条件 — 投资者保护机构受≥ 50 名投资者委托，可作为代表人参加诉讼
  - Ⅱ. 默示加入、明示退出
    - 对于声明退出的投资者，人民法院不再将其登记为特别代表人诉讼的原告，该投资者可另行起诉
    - 诉讼过程中由于声明退出等原因导致明示授权投资者＜50 名的，不影响投资者保护机构的代表人资格
    - 由涉诉证券集中交易的证券交易所、国务院批准的其他全国性证券交易场所所在地的中级人民法院或专门人民法院管辖

②诉讼时效

- a. 起算 — 揭露日与更正日孰早
- b. 中断 — 一人发生诉讼时效中断效力的事由，及于其他连带责任人

- 内幕交易
  - (1) 内幕信息 — 证券交易活动中，对发行人证券的市场价格有重大影响的尚未公开的信息
    - 在内容上，内幕信息的范围与须披露临时报告的重大事件的范围相同
  - (2) 内幕交易主体
    - ①内幕信息知情人
      - a. 发行人的“董监高”
      - b. 持股 5% 以上的股东和公司的实际控制人及其“董监高”
      - c. 发行人控股或实际控制公司及其“董监高”
      - d. 因业务往来、职务、工作可以获取内幕信息的人员
      - e. 上市公司收购人或重大资产交易方及其控股股东、实际控制人和“董监高”
      - f. 相关监管机构工作人员
    - ②非法获取内幕信息的人
      - a. 利用非法手段获取内幕信息的
      - b. 内幕信息知情人近亲属或其他关系密切的人员
      - c. 与内幕信息知情人员联络、接触
      - （b、c）在内幕信息敏感期内的相关交易行为明显异常，且无正当理由或正当信息来源
  - (3) 内幕信息敏感期
    - ①起点
      - a. 重大事件中涉及的计划和方案形成时
      - b. 影响内幕信息形成的动议、筹划、决策或执行人员，其形成或开始执行时
    - ②终点 — 在指定的报刊、网站等媒体披露时
  - (4) 内幕交易行为（发生在内幕信息敏感期内）
    - ①自行买卖 — 自行买卖与内幕信息直接相关的发行人的证券
    - ②建议买卖 — 建议（明示或暗示）他人买卖与内幕信息直接相关的发行人证券
      - 构成要件：
      - a. 建议人为内幕信息知情人或非法获取内幕信息的人。
      - b. 建议人推荐、劝说或怂恿他人买卖证券。
      - c. 被建议人知道或应当知道建议人掌握内幕信息。
      - d. 建议行为导致了相关证券的买卖行为
    - ③泄露内幕信息 — 泄露内幕信息（并导致他人买卖），而不论其泄露时的主观状态
      - 构成要件：
      - a. 有泄露行为（包括再次进行“信息传递”）。
      - b. 信息接收者知道或应当知道其接收的信息是内幕信息（信息传递的次数和层级不影响内幕交易构成）
  - (5) 不构成“内幕交易罪”的情况
    - ①持有或通过协议、其他安排与他人共同持有上市公司 5% 以上股份的自然人、法人或其他组织收购该上市公司股份的
    - ②按照事先订立的书面合同、指令、计划从事相关证券、期货交易的
    - ③依据已被他人披露的信息而交易的
    - ④交易具有其他正当理由或者正当信息来源的
- 短线交易
  - (1) 行为主体 — 上市公司和新三板挂牌公司“董监高”+ 持股 5% 以上的股东及其配偶、父母、子女
  - (2) 行为模式 — 买卖股票间隔不超过 6 个月
  - (3) 法律后果 — 所得收益归该公司所有，公司董事会应收回该等所得收益
    - ①董事会不收回的，股东有权要求董事会在 30 日内执行
    - ②董事会未在上述期限内执行的，股东有权为了公司的利益以自己的名义直接向人民法院提起诉讼。负有责任的董事依法承担连带责任

证券法律制度

证券违法行为

利用未公开信息交易（与内幕交易辨析）

区别	利用未公开信息交易	内幕交易
主体范围	主要是证券交易场所、证券公司、证券登记结算机构、证券服务机构和其他金融机构的从业人员、有关监管部门或者行业协会的工作人员	内幕信息知情人
利用信息	内幕信息以外的其他未公开的信息	内幕信息

操纵市场

影响证券交易价格或交易量

（1）单独 / 通过合谋，集中资金优势、持股优势或利用信息优势联合或连续买卖，操纵证券交易价格或证券交易量

（2）与他人串通，以事先约定的时间、价格和方式相互进行证券交易，影响证券交易价格或证券交易量

（3）在自己实际控制的账户之间进行证券交易，影响证券交易价格或证券交易量

（4）不以成交为目的，频繁或大量申报并撤销申报

（5）利用虚假或不确定的重大信息，诱导投资者进行证券交易

（6）对证券、发行人公开作出评价、预测或投资建议，并进行反向证券交易

（7）利用在其他相关市场的活动操纵证券市场（跨市场操纵）

编造、传播虚假信息

主体	规定
一般主体	禁止任何单位和个人编造、传播虚假信息或者误导性信息，扰乱证券市场
行业主体	禁止证券交易场所、证券公司、证券登记结算机构、证券服务机构及其从业人员，证券业协会、证券监督管理机构及其工作人员，在证券交易活动中作出虚假陈述或信息误导
传播媒介	各种传播媒介传播证券市场信息必须真实、客观，禁止误导。传播媒介及其从事证券市场信息报道的工作人员不得从事与其工作职责发生利益冲突的证券买卖

目的 — 取得上市公司的实际控制权 — 取得实际控制权的情形

不以达到对上市公司实际控制权而受让上市公司股票的行为，不能称之为收购

（1）投资者为上市公司持股 50% 以上的控股股东

（2）投资者可以实际支配上市公司股份表决权超过 30%

（3）投资者通过实际支配上市公司股份表决权能够决定公司董事会半数以上成员选任

（4）投资者依其可实际支配的上市公司股份表决权足以对公司股东大会的决议产生重大影响

（5）中国证监会认定的其他情形

（1）一致行动人（无相反证据，满足下列情形之一的）

一致行动的基础	具体情况
协议关系	相关方之间签署了一致行动协议或表决权委托协议
股权关系	①投资者之间有股权控制关系。 ②投资者受同一主体控制。 ③投资者参股另一投资者，可以对参股公司重大决策产生重大影响
资金关系	银行以外的其他法人、其他组织和自然人为投资者取得相关股份提供融资安排

上市公司收购

收购人

续表

一致行动的基础	具体情况
合作关系	投资者之间存在合伙、合作、联营等其他经济利益关系
人员关系	投资者的“董监高”中的主要成员，同时在另一投资者中担任“董监高”
其他关系	投资者之间具有其他关联关系
投资者内部	①持有投资者 30% 以上股份的自然人，与投资者持有同一上市公司股份。 ②在投资者任职的“董监高”，与投资者持有同一上市公司股份。 提示：包括上述①②人员的父母、配偶、子女及其配偶、配偶的父母、兄弟姐妹及其配偶、配偶的兄弟姐妹及其配偶等亲属
上市公司内部	①在上市公司任职的“董监高”及其前项所述亲属同时持有本公司股份的，或与其自己 / 其前项所述亲属直接或间接控制的企业同时持有本公司股份。 ②上市公司“董监高”和员工与其所控制或委托的其他公司持有本公司股份

（2）不得收购的人
- ①负有数额较大债务，到期未清偿，且处于持续状态
- ②最近 3 年有重大违法行为或涉嫌有重大违法行为
- ③最近 3 年有严重的证券市场失信行为
- ④存在不得担任公司“董监高”的情形（收购人为自然人）

收购人的义务
- （1）锁定义务 — 持有的被收购的上市公司的股票在收购行为完成后的 18 个月内不得转让
  - 同一实际控制人控制的不同主体之间进行转让不受 18 个月的限制
- （2）信息披露义务
  - ①持股≤ 30% 的收购人 — 应履行持股权益变动披露义务
  - ②以协议方式收购股份＞ 30%+ 符合免于发出要约的收购人 — 应编制上市公司收购报告书
  - ③实施要约收购的收购人 — 应按规定编制要约收购报告书

权益变动披露
- （1）触发条件 — ①通过证券交易所收购（散买）

情形	信息披露	“缓行”规则
首次触及 5% （“3 信披 + 同步缓行”）	投资者应在该事实发生之日起 3 日内： a. 向国务院证券监督管理机构、证券交易所作出书面报告。 b. 通知该上市公司，并予以公告	在事实发生之日起至公告日不得买卖
达到 5% 后，±1% （“1 信披 + 不缓行”）	投资者应在该事实发生的次日通知该上市公司，并予公告	不得“缓行”
达到 5% 后，±5% （“3 信披 +3 缓行”）	投资者应当在该事实发生之日起 3 日内： a. 向国务院证券监督管理机构、证券交易所作出书面报告。 b. 通知该上市公司，并予以公告	事实发生之日起至公告后 3 日内不得买卖

违反右述规定买入的股份，在买入后 36 个月内不得行使表决权

证券法律制度

上市公司收购

权益变动披露

(1) 触发条件 — ②协议收购

公告前不得再行买卖上市公司的股票

情形	信息披露
达到或超过 5%（一笔超过 5% 的可以直接根据一笔过之后的实际持股比例进行披露）	协议达成之日起 3 日内公告
达到 5% 后，±5%	T+3 公告（事实发生或协议达成之日起 3 日内公告）

(2) 简权与详权的适用

是否成为上市公司第一大股东或者实际控制人（增持完成后的地位）	增持完成后的持股比例	
	5%≤持股比例<20%	20%≤持股比例≤30%
是	详权	详权
否	简权	详权

主要方式

(1) 要约收购

①强制要约义务的触发

持股目标	方案选择	强制要约义务
不足 30%	现在持有 25%	—
刚好 30%（“乖乖刹车”）	a. 现在持有（30%）。 b. 现在持有（30%）+ 部分要约（5%）	通过证券交易所的证券交易，投资者持有或者通过协议、其他安排与他人共同持有一个上市公司已发行的有表决权股份达到 30% 时，继续进行收购的，应当依法向该上市公司所有股东发出收购上市公司全部或者部分股份的要约
协议一笔达到 32%（“没刹住”）	a. 协议收购（27%）+ 部分要约（5%）。 b. 全面要约（100%）	收购人拟通过协议方式收购一个上市公司的股份超过 30% 的，超过 30% 的部分，应当改以要约方式进行；不符合前述规定情形的，在履行其收购协议前，应当发出全面要约
间接一笔达到 32%（“没刹住”）	a. 在 30 日内减持至 30% 或 30% 以下。 b. 全面要约（100%）	通过间接收购，收购人拥有权益的股份超过该公司已发行股份的 30% 的，应当向该公司所有股东发出全面要约；收购人预计无法在事实发生之日起 30 日内发出全面要约的，应当在前述 30 日内促使其控制的股东将所持有的上市公司股份减持至 30% 或 30% 以下，并自减持之日起 2 个工作日内予以公告

②强制要约义务的豁免

类别	情形
免于以要约方式增持（有收购目的）	a. 同一控制：收购人与出让人能证明本次股份转让是在同一实际控制人控制的不同主体之间进行，未导致上市公司的实际控制人发生变化的。 b. “白衣骑士”：上市公司面临严重财务困难，收购人提出的挽救公司的重组方案经股东大会批准 + 收购人承诺 3 年内不转让其在该公司中所拥有的权益

续表

类别	情形
免于发出要约（无收购目的）	a. 国企重组：经政府或国有资产管理部门批准进行国有资产无偿划转、变更、合并，导致投资者在一个上市公司中拥有权益的股份＞该公司 30% 已发行股份的比例。 b. 定增豁免：经上市公司股东大会非关联股东批准同意投资者免于发出要约，投资者取得上市公司向其发行的新股，导致其在该公司拥有权益的股份＞该公司已发行股份的 30%，并承诺 3 年内不转让本次向其发行的新股。 c. 爬行增持：在一个上市公司中拥有权益的股份≥该公司已发行股份的 30% 的，自上述事实发生之日起 1 年后，每 12 个月内增持不超过该公司已发行的 2% 的股份，增持不超过 2% 的股份锁定期为增持行为完成之日起 6 个月。 d. 自由增持：在一个上市公司中拥有权益的股份≥该公司已发行股份的 50% 的，继续增加其在该公司拥有的权益不影响该公司的上市地位。 e. 被动增持： Ⅰ. 因上市公司按照股东大会批准的确定价格向特定股东回购股份而减少股本，导致投资者在该公司中拥有权益的股份＞该公司已发行股份的 30%。 Ⅱ. 因继承导致在一个上市公司中拥有权益的股份＞该公司已发行股份的 30%。 Ⅲ. 因所持优先股表决权依法恢复导致投资者在一个上市公司中拥有权益的股份＞该公司已发行股份的 30%。 f. 金融业务： Ⅰ. 证券公司、银行等金融机构在其经营范围内依法从事承销、贷款等业务导致其持有一个上市公司已发行股份＞ 30%，没有实际控制该公司的行为或意图，且提出在合理期限内向非关联方转让相关股份的解决方案。 Ⅱ. 因履行约定购回式证券交易协议购回上市公司股份导致投资者在一个上市公司中拥有权益的股份＞该公司已发行股份的 30%，且能证明标的股份的表决权在协议期间未发生转移

③内容

- a. 收购要约（买方）
  - Ⅰ. 收购比例 — ≥已发行股份的 5%
  - Ⅱ. 要约期限 — 30 日 ~ 60 日，出现竞争要约的除外
  - Ⅲ. 收购价格 — ≥公告日前 6 个月收购人取得该种股票所支付的最高价格
    - 若＜公告前 30 个交易日每日加权平均价格的算术平均值的，应分析说明
  - Ⅳ. 收购条件 — 适用于被收购公司所有股东
  - Ⅴ. 撤销 — 承诺期内，不得撤销收购要约
  - Ⅵ. 不得变更情形
    - · 降低收购价格、减少预定收购股份数额、缩短收购期限
    - · 要约收购期限届满前 15 日内
      - 出现竞争要约，可变更
- b. 预受要约（卖方） — 要约期限届满前 3 个交易日内，不得撤回对要约的接受

证券法律制度

上市公司收购

主要方式

- (1) 要约收购
  - ③内容
    - c. 当事人的义务
      - Ⅰ. 收购人
        - 作出公告后至收购期限届满前，不得卖出被收购公司的股票
        - 作出公告后至收购期限届满前，不得采取要约规定以外的形式和超出要约的条件买入被收购公司的股票
        - 提示性公告后，公告要约收购报告书前，可自行取消收购计划，但应当公告原因，且 12 个月内不得再次对同一上市公司进行收购
      - Ⅱ. 被收购方
        - 董事会应对收购人的情况与要约条件进行调查分析，对股东是否接受要约提出建议，并聘请独立财务顾问提出专业意见
        - 提示性公告后至要约收购完成前，被收购公司除继续从事正常的经营活动或执行股东大会已作出的决议外，未经股东大会批准，董事会不得通过处置公司资产等方式，对公司的资产、负债、权益或经营成果造成重大影响
        - 要约收购期间，被收购公司董事不得辞职
    - d. 要约期满
      - Ⅰ. 预受要约股份＞预定收购数量，收购人按照等比例收购预受要约的股份
      - Ⅱ. 届满后 15 日内，收购人应向证券交易所提交关于收购情况的书面报告并予以公告
- (2) 协议收购 — 过渡期安排
  - a. 收购人 — 不得通过控股股东提议改选董事会，确有充分理由改选的，来自收购人的董事≤董事会成员的 1/3
  - b. 被收购公司
    - Ⅰ. 不得为收购人及其关联方提供担保
    - Ⅱ. 不得公开发行股份募集资金，不得进行重大购买、出售资产及重大投资行为或与收购人及其关联方进行其他关联交易，但收购人为挽救陷入危机或面临严重财务困难的上市公司的情形除外
- (3) 间接收购
  - ①收购人可能通过获得上市公司母公司的控制权，从而间接控制了上市公司
  - ②信息披露义务与直接收购相同，同样适用强制要约收购的规定
- (4) 管理层收购 — “董监高”或员工拟对本公司收购或通过间接收购取得控制权的规定
  - ①具备健全且运行良好的组织机构和内控制度
  - ②董事会中独立董事占比≥ 1/2
  - ③应聘请符合规定的资产评估机构提供资产评估报告
  - ④收购经董事会非关联董事决议 +2/3 以上的独立董事同意后，提交股东大会审议
  - ⑤经出席股东大会的非关联股东所持表决权过半数通过
  - ⑥“董监高”不存在不得担任公司“董监高”的情形，且最近 3 年无不良诚信记录

> 独立董事发表意见前，应聘请独立财务顾问就本次收购出具专业意见，独立董事及独立财务顾问的意见应一并予以公告

上市公司重大资产重组

重大资产重组

(1) 重大资产重组行为的界定与条件

前提：上市公司自控制权发生变更之日起 36 个月内，向收购人及其关联人购买资产

维度		一般的重大资产重组	特殊的重大资产重组（借壳上市）
认定	总资产	购买、出售资产总额 / X 期末资产总额≥ 50%	购买资产总额 / Y 期末资产总额≥ 100%
	净资产	同时满足下列两项： ①购买、出售的资产净额 / X 期末净资产额≥ 50%。 ②购买、出售的资产净额＞ 5 000 万元	购买的资产净额 / Y 期末净资产额≥ 100%
	总营收	购买、出售资产在最近一个会计年度所产生的营业收入 / X 营业收入≥ 50%，且超过 5 000 万元	购买的资产在最近一个会计年度所产生的营业收入 / Y 营业收入≥ 100%
	股本	—	为购买资产发行的股份 / 上市公司首次购买资产的董事会决议前一个交易日的股份≥ 100%
	业务	—	达不到上述标准，但可能导致上市公司主营业务发生根本变化
条件		①符合国家产业政策和有关环境保护、土地管理、反垄断等法律和行政法规规定。 ②不会导致上市公司不符合股票上市条件。 ③重组所涉及的资产定价公允。 ④资产权属清晰。 ⑤有利于上市公司增强持续经营能力。 ⑥符合中国证监会关于上市公司独立性的相关规定	额外条件： ①符合重大资产重组信息披露的要求及相关规定。 ②满足 IPO 条件。 ③上市公司及其最近 3 年内的控股股东、实际控制人不存在涉嫌违法违规情形或已终止满 3 年，本次交易方案能消除不良后果且不影响对相关行为人追责。 ④上市公司及其控股股东、实际控制人最近 12 个月内未受到公开谴责，不存在其他重大失信行为。 ⑤不存在中国证监会认定的可能损害投资者合法权益，或者违背公开、公平、公正原则的其他情形

"X"代指上市公司最近一个会计年度经审计的合并财务会计报告。

"Y"代指上市公司控制权发生变更的前一个会计年度经审计的合并财务会计报告。

(2) 公司内部决议

- ①须经出席会议的股东所持表决权的 2/3 以上通过
- ②关联股东回避
- ③中小投资者保护
  - a. 会议以现场形式召开，并应提供网络投票等方式为股东参加股东大会提供便利
  - b. 除"董监高"、单独或合计持有 5% 以上股份的股东外的其他股东，投票应单独统计并披露

笔记区

证券法律制度

上市公司重大资产重组

发行股份购买资产

(1) 发行股份购买资产条件

①充分说明并披露本次交易有利于提高公司资产质量、改善财务状况和增强持续经营能力、有利于减少关联交易、避免同业竞争、增强独立性

②最近一年及一期财务会计报告被会计师事务所出具无保留意见审计报告或非无保留意见及所涉及的重大影响已消除或通过本次交易消除

③上市公司及其现任董高不涉嫌犯罪

④充分说明并披露所购买的资产为权属清晰的经营性资产，并能在约定期限内办理完权属转移手续

(2) 发行股份的定价 — ≥市场参考价的 80%

市场参考价（“三选一”）：董事会决议公告日前 20、60 或 120 个交易日的公司股票交易均价之一

(3) 发行股份的锁定

类型	发行对象	锁定期
特殊锁定期	①上市公司控股股东、实际控制人或其控制的关联人。 ②通过认购本次发行的股份取得上市公司的实际控制权。 ③取得本次发行的股份时，对其用于认购股份的资产持续拥有权益的时间＜12 个月	36 个月
借壳上市锁定期	除收购人及其关联人以外的特定对象（应公开承诺锁定期内不得转让）	24 个月
一般锁定期	其他情形	12 个月

笔记区

第八章 企业破产法律制度

（考10分）

企业破产法律制度

破产原因

具体原因

（1）债务人 — 不能清偿到期债务 + 资不抵债

（2）债务人 — 不能清偿到期债务 + 明显缺乏清偿能力

> 存在下列情形之一：
> ①因资金严重不足或财产不能变现等原因，无法清偿债务。
> ②法定代表人下落不明且无其他人员负责管理财产，无法清偿债务。
> ③经人民法院强制执行，无法清偿债务（任一债权人经人民法院强制执行未得到清偿）。
> ④长期亏损且经营扭亏困难，无法清偿债务

债务人无效异议

（1）债务人以其具有清偿能力或资产超过负债为由提出抗辩异议，但又不能立即清偿债务或与债权人达成和解的，其异议不能成立

（2）相关当事人以对债务人的债务负有连带责任的人未丧失清偿能力为由，主张债务人不具备破产原因的，人民法院应不予支持

（3）债务人对申请人的债权是否存在担保等提出异议，不影响法院对破产申请的受理

（4）相关当事人以申请人未预先缴纳诉讼费用为由，对破产申请提出异议的，人民法院不予支持

破产申请

申请人

主体	破产清算	重整	和解
债务人	√		
债权人 （无论债权人是否设有物权担保均享有破产申请权）	√		×
职工	√ （应经职工代表大会或全体职工多数决议通过）		×
国务院金融监督管理机构	√ （对金融机构提出破产申请）		×
税务机关和社会保险机构	√	×	×

破产案件管辖

（1）地域管辖 — 债务人住所地→注册登记地人民法院

（2）级别管辖 — 金融机构、上市公司的破产与重整案件或具有重大影响、法律关系复杂的破产案件，一般应由中级人民法院管辖

受理的法律效果

事项	效力
债务人的有关人员的法定义务	（1）妥善保管其占有和管理的财产、印章和账簿、文书等资料。 （2）根据人民法院、管理人的要求进行工作，并如实回答询问。 （3）列席债权人会议并如实回答债权人的询问。 （4）未经人民法院许可，不得离开住所地。 （5）不得新任其他企业的董事、监事、高级管理人员
个别清偿的效力	受理破产申请后，债务人对个别债权人的债务清偿无效。但是，债务人以其财产向债权人提供物权担保的，其在担保物市场价值内向债权人所作的债务清偿，原则上不受上述规定限制，但法律或司法解释等另有规定的除外
次债务人和财产持有人的义务	（1）应向管理人清偿债务或交付财产。 （2）故意违反法律规定未向管理人而是向债务人清偿，使债权人受到损失的，不免除其清偿债务或交付财产的义务
管理人对存续债务的选择权	管理人对破产申请受理前成立而债务人和对方当事人均未履行完毕的合同，有权决定解除或者继续履行。（一次性的合同选择履行权） （1）解除合同：管理人自破产申请受理之日起 2 个月内未通知对方，或收到对方当事人催告之日起 30 日内未答复的，视为解除合同。 （2）继续履行：对方应当履行，但有权要求管理人提供担保，管理人不提供的，视为解除合同。 提示：不得解除的合同： ①为他人提供担保的合同。 ②人寿保险合同。 ③对外出租不动产的租赁合同，带租约出售
财产保全与执行程序	债务人财产的保全措施应当解除，执行程序应当中止

管理人

- 资格
  - （1）范围 — 社会中介机构和具备相关专业知识并取得执业资格的个人
  - （2）不得担任的情形
    - ①因故意犯罪受过刑事处罚
    - ②曾被吊销相关专业执业证书
    - ③与本案有利害关系
      - a. 对机构 / 个人
        - Ⅰ. 与债权人、债务人有未了结的债权债务关系
        - Ⅱ. 在受理破产申请前 3 年内，曾为债务人提供相对固定的中介服务
        - Ⅲ. 现在或在破产申请受理前 3 年内曾经是债权人、债务人的控股股东、实际控制人、财务顾问、法律顾问
      - b. 仅对个人
        - Ⅰ. 现在或在破产申请受理前3年内曾经担任债务人、债权人的“董监高”
        - Ⅱ. 与债权人、债务人的控股股东、“董监高”存在夫妻、直系血亲、三代以内旁系血亲、近姻亲关系

企业破产法律制度

管理人

指定
- (1) 主体 — 管理人由人民法院指定，债权人会议可申请更换
- (2) 要求 — 管理人无正当理由，不得拒绝指定

报酬
担保权人优先受偿的担保物价值：不计入财产价值总额中。管理人对管理工作付出合理劳动的，有权向担保权人收取适当的报酬

- (1) 决定 — 人民法院根据债务人最终清偿的财产价值总额，在法定比例限制范围内分段确定
- (2) 纯报酬
  - ①不包括 — 因执行职务、进行破产管理工作中需支付的其他费用，如公告费用、变价财产费用等
  - ②包括 — 社会中介机构通过聘用本专业的其他社会中介机构或人员协助履行管理人职责的，所需费用从其报酬中支付
- (3) “不收” — 清算组中有关政府部门派出的工作人员参与工作的，不收取报酬

职责
日常事务：
- (1) 接管债务人的财产、印章和账簿、文书等资料
- (2) 调查债务人财产状况，制作财产状况报告
- (3) 决定债务人的内部管理事务
- (4) 决定债务人的日常开支、必要开支
- (5) 在第一次债权人会议召开前，决定继续或停止债务人营业

与破产程序相关：
- (6) 提议召开债权人会议
- (7) 管理和处分债务人财产
- (8) 代表债务人参加诉讼、仲裁或其他法律程序

债务人财产

范围
- (1) 属于 — 受理时属于债务人的全部财产，及受理后至破产程序终结前债务人取得的资产
- (2) 不属于
  - ①基于合同或其他法律关系等占有、使用的他人财产
  - ②在所有权保留买卖中尚未取得所有权的财产
  - ③所有权专属于国家且不得转让的财产

收回权
- (1) 出资 — 出资人尚未完全履行出资义务的，应缴纳所认缴的出资，不受出资期限限制
- (2) 债务人“董监高”非正常收入
  - ①普遍拖欠职工工资情况下的工资收入
    - a. 企业职工平均工资部分（作为拖欠职工工资清偿）
    - b. 高出平均工资部分
  - ②绩效奖金
  - ③其他非正常收入

  （b、②、③作为普通债权清偿）
- (3) 担保物 — 受理破产申请后，管理人可通过清偿债务或提供担保取回质物、留置物或解除债务人财产上存在的物权担保

担保物价值＜被担保的债权额时，以该担保物当时市值为限

撤销权

(1) 破产申请受理前1年内存在下列情形的可撤销

- ①无偿转让
- ②放弃债权
- ③以明显不合理价格交易（以明显不合理的低价转让财产、以明显不合理的高价受让他人财产）
- ④对无担保的债务提供财产担保或对已设置财产担保的债务追加担保，设定债务同时提供的财产担保除外
- ⑤提前清偿未到期债务
  - a. 受理前1年内提前清偿的债务，受理后到期的→可撤销
  - b. 受理前1年内提前清偿的债务，受理前到期的→不可撤销

受理前6个月内提前清偿的债务，受理前到期且债务人具备破产原因的→可撤销

(2) 破产申请受理前6个月内，具备破产原因进行的个别清偿可撤销。但债务人存在下列情形的不可撤销

- ①有物权担保债权人在担保物的市价范围内所做的清偿
- ②为维系基本生产需要支付的水电费等
- ③支付劳动报酬、人身损害赔偿金
- ④使债务人财产受益的个别清偿
- ⑤经诉讼、仲裁、执行程序对债权人进行的个别清偿（债务人与债权人恶意串通损害其他债权人利益的除外）

取回权

(1) 一般取回权

- ①可取回情形 — 法院受理破产申请后，债务人占有的不属于债务人的财产，该财产的权利人可通过管理人取回
- ②不可取回情形 — 权利人未依法支付相关的加工费、保管费、托运费、委托费、代销费等费用，管理人有权拒绝取回
- ③行使时间 — 权利人应在破产财产变价方案或和解协议、重整计划草案提交债权人会议表决前向管理人提出
- ④取回方式
  - a. 代偿取回
    - Ⅰ. 不易保管（鲜活易腐）或不及时变现严重贬损财产，管理人应及时变价并提存的变价款
    - Ⅱ. 债务人占有的他人财产毁损、灭失，因此获得的保险金、赔偿金、代偿物尚未交付给债务人，或代偿物虽已交付但能与债务人财产相区分的，权利人有权主张取回就此获得的保险金、赔偿金、代偿物

若不能与债务人财产加以区分，毁损、灭失发生在破产申请受理前，原权利人因财产损失形成的债权→普通破产债权清偿；若在破产申请受理后，因管理人或相关人员执行职务导致损害产生的债务→共益债务

  - b. 债务人占有的他人财产被违法转让给第三人

情形	原权利人能否取回	发生时间	
		转让发生在破产申请受理前	转让发生在破产申请受理后
第三人构成善意取得	原权利人无法取回该财产	原权利人的损失作为普通破产债权清偿	作为共益债务清偿
第三人不构成善意取得	原权利人可向第三人依法追回转让财产	第三人的损失作为普通破产债权清偿	作为共益债务清偿

企业破产法律制度

债务人财产

取回权

（2）出卖人取回权（买受人破产）

①一般规定 — 受理破产申请时，出卖人已发运，买受人尚未收到且未付清价款的，出卖人可向管理人表示取回在运途中的标的物。但是，管理人可以支付全部价款，请求出卖人交付标的物

②在途主张

前提	可取回	不可取回
出卖人在货物在途时主张	通知承运人或实际占有人中止运输、返还货物、变更到达地，或将货物交给其他收货人等；在货物未达管理人前向管理人主张取回在运途中标的物	在买卖标的物运途中未及时行使取回权，在到达管理人后向管理人行使在运途中标的物取回权的

（3）所有权保留买卖合同中的取回权

①买受人破产

原合同约定的买受人支付价款或履行其他义务期限在破产申请受理时视为到期

- a. 管理人决定继续履行
  - Ⅰ. 可取回 — 买受人管理人未及时付款或将标的物出卖、出质等不当处分给出卖人造成损害
  - Ⅱ. 不得取回 — 买受人已支付≥标的物总价款 75% 或第三人善意取得
- b. 管理人决定解除合同 — 出卖人有权主张取回，买受人有权主张出卖人返还已支付价款

出卖人损失对应债务作为共益债务清偿

②出卖人破产

- a. 管理人决定继续履行
  - Ⅰ. 可取回 — 买受人未依约付款或将标的物出卖、出质等不当处分给出卖人造成损害
  - Ⅱ. 不得取回 — 买受人支付≥标的物总价款 75% 或第三人善意取得
- b. 管理人决定解除合同 — 买受人应向出卖人交付买卖标的物
  - Ⅰ. 合同履行中，买受人无违约（已支付价款损失作为共益债务）
  - Ⅱ. 合同履行中，买受人违约（已支付价款损失作为普通破产债权）

③买受人回赎权

- a. 回赎 — 出卖人依法取回标的物后，买受人在双方约定或出卖人指定的合理回赎期限内，消除出卖人取回标的物的事由的，可以请求回赎标的物
- b. 未回赎 — 买受人在回赎期限内没有回赎标的物，出卖人可以以合理价格将标的物出卖给第三人，出卖所得价款扣除买受人未支付的价款以及必要费用后仍有剩余的，应当返还买受人；不足部分由买受人清偿

抵销权

（1）行使主体 — 债权人向管理人提出

（2）行使时间 — 破产财产最终分配确定前
- a. 破产清算——破产财产分配方案提交债权人会议表决前
- b. 重整与和解——和解协议草案、重整计划草案提交债权人会议表决之前

（3）不得抵销的情形
- ①债务人的债务人在破产申请受理后取得他人对债务人的债权
- ②债权人已知债务人有不能清偿到期债务或破产申请的事实，对债务人负担债务
- ③债务人的债务人已知债务人有不能清偿到期债务或破产申请的事实，对债务人取得债权

因法律规定（继承）或有破产申请 1 年前所发生的原因而产生的债权 / 债务除外

- ④股东之破产债权不得与其欠缴债务人的出资、抽逃出资或滥用股东权利或关联关系损害公司利益对债务人所负的债务相抵销

破产费用与共益债务

（1）破产费用
- ①破产案件的诉讼费用
- ②管理、变价和分配债务人财产的费用
- ③管理人执行职务的费用、报酬和聘用工作人员的费用

（2）共益债务
- ①为保护债务人财产而产生的
  - a. 因管理人或债务人请求对方当事人履行双方均未履行完毕的合同所产生的债务
  - b. 债务人财产受无因管理所产生的债务
  - c. 为债务人继续营业而应支付的劳动报酬和社会保险费用以及由此产生的其他债务
- ②为保护第三人利益而产生的
  - a. 因债务人不当得利所产生的债务
  - b. 管理人或相关人员执行职务致人损害所产生的债务
  - c. 债务人财产致人损害所产生的债务

均是在破产申请受理后产生

破产债权 — 范围

债权类型	效力
普通债权；税收、社保债权；对债务人特定财产享有担保权的债权	需申报
职工劳动债权	无须申报，由管理人调查后列出清单并予以公示
未到期的债权	在破产申请受理时视为到期
附利息的债权	自破产申请受理时起停止计息
无利息的债权	无论是否到期，均以本金申报债权
对方当事人因管理人或债务人依法解除双方均未履行完毕解除合同产生的损害赔偿请求权申报债权	违约金不得作为破产债权申报
破产申请受理后，债务人欠缴款项产生的滞纳金，包括债务人未履行生效法律文书应当加倍支付的迟延利息和劳动保险金的滞纳金	债权人作为破产债权申报的，人民法院不予确认

企业破产法律制度

破产债权 — 申报

(1) 期限 — 自人民法院发布受理破产申请公告之日起计算，30 日 ~ 3 个月

(2) 破产债权确认

- ①管理人审查 — 收到债权申报材料后，登记造册，对申报的债权进行审查并编制债权登记表
  - 管理人必须将申报的债权全部登记在债权登记表上，不允许以其认为债权超过诉讼时效或不能成立等为由拒绝编入
- ②债权人会议审查 — 债权登记表提交第一次债权人会议核查
- ③法院审查
  - a. 无异议 — 将无异议债权列入债权确认表，债权确认表由人民法院裁定确认
  - b. 有异议 — 人民法院裁定该异议债权是否列入债权确认表内

(3) 涉及保证的债权申报

①债务人进入破产程序

情形	内容
债权人先向债务人的管理人申报债权	a. 债权人已向管理人申报全部债权的，保证人或连带债务人不能再申报债权，其履行代偿义务也不再具有代位求偿权。 b. 债权人申报债权后又向人民法院提起诉讼，请求担保人承担担保责任的，或债权人在债务人破产程序中未获全部清偿，请求担保人继续承担担保责任的，人民法院应予支持。 c. 担保人清偿债权人的全部债权后，可代替债权人在破产程序中受偿
债权人先请求保证人承担保证责任	a. 债权人有权要求保证人清偿保证债务，不论是连带责任保证，还是一般保证（丧失先诉抗辩权）。 b. 债务人的保证人或其他连带债务人已经代替债务人清偿债务的，以其对债务人的求偿权申报债权
债权人谁都不找	a. 保证人或其他连带债务人尚未代替债务人清偿债务的，以其对债务人的将来求偿权预先申报债权。 b. 债权人知道或者应当知道债务人破产，既未申报债权也未通知担保人，致使担保人不能预先行使追偿权的，担保人就该债权在破产程序中可能受偿的范围内免除担保责任，但担保人因自身过错未行使追偿权的除外

②担保人进入破产程序

情形	内容
申报债权	债权人有权申报其对保证人的保证债权
申报规则	a. 主债务未到期的，保证债权在保证人破产申请受理时视为到期。 b. 一般保证的保证人主张行使先诉抗辩权的，人民法院不予支持，但债权人在一般保证人破产程序中的分配额应予提存，待一般保证人应承担的保证责任确定后再按照破产清偿比例予以分配
追偿权	保证人被确定应当承担保证责任的，保证人的管理人可以就保证人实际承担的清偿额向主债务人或其他债务人行使求偿权

③债务人、担保人均进入破产程序

情形	内容
申报债权	债权人有权向债务人、保证人（不论是连带责任保证还是一般保证）分别申报全部债权
债权调整	债权人向债务人、保证人均申报全部债权的，从一方破产程序中获得清偿后，如果保证属于连带责任保证，其对另一方的债权额不作调整，但债权人的受偿额不得超出其债权总额（如果保证属于一般保证，其对另一方申报的债权额应依法调减）
追偿权	保证人履行保证责任后不再享有求偿权

债权人会议

组成

- (1) 首次 — 所有申报债权者均可参加
- (2) 后续 — 债权得到确认者有权行使表决权

应有债务人的职工和工会的代表参加，除发生影响其清偿的情况外，职工债权人无表决权

职权

- (1) 入会资格 — 核查债权
- (2) 人事问题
  - ①申请人民法院更换管理人，审查管理人的费用和报酬
  - ②监督管理人
  - ③选任和更换债权人委员会成员
- (3) 企业问题
  - ①决定继续或者停止债务人的营业
  - ②通过重整计划
  - ③通过和解协议
  - ④通过债务人财产的管理方案
  - ⑤通过破产财产的变价方案
  - ⑥通过破产财产的分配方案

程序

- (1) 召集
  - ①首次 — 由人民法院召集，债权申报期限届满之日起 15 日内
  - ②后续
    - a. 人民法院认为必要时
    - b. 管理人、债权人委员会、占债权总额 1/4 以上的债权人向债权人会议主席提议时
- (2) 表决 — 出席会议的有表决权的债权人 > 1/2 + 债权额占无财产担保债权总额 ≥ 1/2

债权人委员会

选设机构

- (1) 组成 — ≤ 9 人的单数，其中应有 1 名债务人企业的职工代表或工会代表，且出任成员需人民法院书面认可
- (2) 表决 — 全体成员过半数通过，并作成议事记录
- (3) 职权
  - ①监督债务人财产的管理和处分
  - ②监督破产财产分配
  - ③提议召开债权人会议

企业破产法律制度

破产重整

申请

- （1）主体
  - ①直接申请重整 — 债务人或债权人
  - ②清算转重整
    - a. 债务人
    - b. 出资额占债务人注册资本≥ 10% 的出资人
    - c. 其他债权人
- （2）条件 — 重整申请可以在债务人有破产原因发生可能时就提出

重整期间

- （1）范围 — 自人民法院裁定债务人重整之日起至重整程序终止（不包括重整计划得到批准后的执行期间）
- （2）财产管理和营业事务执行 — 可以由债务人或管理人负责
  - a. 债务人自行管理的，管理人对其进行监督
  - b. 债务人不适宜管理的，管理人可申请人民法院终止其自行管理
- （3）担保权行使 — 对债务人的特定财产享有的担保权暂停行使，下列情形除外
  - a. 非企业重整中必须使用的担保财产，经债务人或管理人同意
  - b. 担保物有损坏或价值明显减少的可能，足以危害担保权人权利的
- （4）期间借款 — 为继续营业而借款的，可参照共益债务优先受偿，可设定担保
- （5）取回权限制 — 债务人合法占有的他人财产，该财产的权利人在重整期间要求取回的，应当符合事先约定的条件
- （6）投资收益分配 — 债务人的出资人不得请求投资收益分配
- （7）股权转让 — 债务人的“董监高”未经法院同意不得向第三人转让其持有的债务人股权

重整计划

事项	规定
草案制定	谁管事谁制定（管理人或债务人）
提交时限	人民法院裁定债务人重整之日起 6 个月内同时向人民法院和债权人会议提交；期限届满，经债务人或者管理人请求，有正当理由的，人民法院可以裁定延期 3 个月
重整计划草案经债权人会议分组表决	（1）担保债权组 （2）职工债权组 （3）税款债权组 （4）普通债权组 （5）小额债权组 （(1)～(5)）每组出席会议的人数过半数 + 债权额 2/3 以上 （6）出资人组——参与表决的表决权 2/3 以上
重整计划草案经人民法院裁定批准	（1）债权人会议各表决组均通过的，须经人民法院裁定批准重整计划草案。 （2）债权人会议部分表决组未通过的，债务人或管理人可同未通过表决组协商，如拒绝再次表决或再次表决仍未通过，债务人或管理人可申请人民法院（强制）批准重整计划草案。 提示：人民法院不得滥用强制批准权，需满足一定的条件
执行和监督	债务人执行，管理人监督

续表

事项	规定
重整计划效力	(1) 对债务人和全体债权人均有约束力，包括对债务人的特定财产享有担保权的债权人。 (2) 债权人对债务人的保证人和其他连带债务人所享有的权利，不受重整计划的影响，可以依据原合同约定行使权利。 (3) 按照重整计划减免的债务，自重整计划执行完毕时起，债务人不再承担清偿责任
变更	(1) 变更事由：因出现国家政策调整、法律修改变化等特殊情况导致原重整计划无法执行的，债务人或管理人可以申请变更重整计划 1 次。 (2) 再次表决：裁定同意变更重整计划的，债务人或管理人应在 6 个月内提出新的重整计划。变更后的重整计划应提交给因重整计划变更而遭受不利影响的债权人组和出资人组进行表决 应与原重整计划不同
重整计划终止执行效力	债权人在重整计划中作出的债权调整的承诺失去效力

破产和解

- 申请
  - (1) 直接申请和解
  - (2) 清算转和解
  - 仅债务人可提出
- 和解协议表决 —— 债权人会议表决，出席会议有表决权的债权人＞1/2+ 所代表的债权额≥无财产担保债权总额的 2/3+ 法院认可
- 和解协议效力
  - (1) 对债务人和全体和解债权人（除有财产担保债权人外）均有约束力
  - (2) 按照和解协议减免的债务，自和解协议执行完毕时起，债务人不再承担清偿责任
  - (3) 和解债权人对债务人的保证人和其他连带债务人所享有的权利，不受和解协议的影响

笔记区

企业破产法律制度

- **破产清算**
  - 破产宣告
    - (1) 原因
      - ①直接破产 — 受理破产清算申请后，第一次债权人会议上无人提出重整或和解的，管理人应提出破产宣告申请，人民法院自收到申请之日起 7 日内作出破产宣告裁定并公告
      - ②和解、重整转破产
        - a. 未通过重整草案或重整失败
        - b. 未通过和解协议或和解终止
    - (2) 效力
      - ①债务人被宣告破产后，不得再转入重整程序或和解程序
      - ②债务人称为破产人；债务人财产称为破产财产；破产申请受理时对债务人享有的债权称为破产债权
  - 别除权
    - (1) 限制 — 别除权的优先受偿权不受破产清算与和解程序的限制
    - (2) 效力
      - ①主债务人破产
        - a. 别除权人就破产人的特定财产享有优先受偿权利
        - b. 别除权人行使优先受偿权未能完全受偿或放弃优先受偿权利的债权作为普通债权
      - ②担保人破产
        - a. 别除权人对该特定财产享有优先受偿的权利
        - b. 担保物价款不足清偿担保债权时，余债不得作为破产债权向破产人要求清偿，只能向原主债务人求偿
        - c. 别除权人放弃优先受偿权利的，其债权不能转为对破产人的破产债权
  - 破产财产的分配顺序（自上而下）
    - (1) 有财产担保的债权
    - (2) 破产费用和共益债务
    - (3) 职工债权（含工资、个人账户的基本养老和基本医疗保险）
    - (4) 税收债权、社保债权（划入职工个人账户的基本养老和基本医疗外的其他社保）
    - (5) 普通破产债权（破产企业在破产案件受理前因欠缴税款产生的滞纳金）
    - (6) 清偿破产受理前产生的惩罚性债权

> 破产财产不足以清偿同一顺序的清偿要求的，按照比例分配；未明确清偿顺序的：人身损害赔偿>财产性债权、私法债权>公法债权、补偿性债权>惩罚性债权

笔记区

第九章 票据与支付结算法律制度（考10分）

票据与支付结算法律制度

票据 — 总则

- (1) 票据特征 — 有价证券；债权证券；金钱证券；设权证券；文义证券
  - 票据上的一切权利义务，都严格依照票据上记载的文义而定，文义之外的任何理由、事项都不得作为根据
- (2) 经济功能 — 支付功能；汇兑功能；结算功能；信用功能；融资功能
- (3) 票据分类
  - ①汇票
    - a. 银行汇票
    - b. 商业汇票
      - Ⅰ. 承兑人不同
        - · 银行承兑汇票
        - · 商业承兑汇票
      - Ⅱ. 到期日不同
        - · 即期商业汇票（见票即付）
        - · 远期商业汇票
          - ▲定日付款
          - ▲出票后定期付款
          - ▲见票后定期付款
  - ②本票 — 银行本票
  - ③支票
    - a. 现金支票
    - b. 转账支票
- (4) 票据行为
  - ①形式要件
    - a. 统一格式 — 应使用中国人民银行规定的统一格式的票据，否则票据无效
    - b. 特定事项记载
      - Ⅰ. 票据金额要求 — 以中文大写和数码同时记载，二者必须一致，不一致的票据无效
      - Ⅱ. 不得更改事项 — 票据金额、出票日期、收款人名称（更改的票据无效）
    - c. 签章方式 — 票据行为人必须在票据上签章。出票人签章不符合规定的，票据无效；背书人、承兑人、保证人签章不符合规定的，签章无效，但不影响票据上其他签章的效力
      - Ⅰ. 自然人：签名、盖章或签名＋盖章
      - Ⅱ. 单位：公章或财务专用章＋法定代表人或授权代理人的签章（签名、盖章或签名＋盖章）
    - d. 一定的款式

记载事项类型	内容	汇票	本票	支票
绝对必要记载事项（未记载，票据行为无效）	表明“× 票”的字样	√	√	√
	无条件支付的委托 / 承诺	√	√	√
	确定的金额	√	√	√
	付款人名称	√	×	√
	收款人名称	√	√	×
	出票日期	√	√	√
	出票人签章	√	√	√

- 确定的金额（支票）：可由出票人授权补记，未补记前不得使用
- 收款人名称（支票）：可授权补记

记载事项类型	票据	未记载事项	法律规定
相对必要记载事项	汇票	付款日期	视为见票即付
		付款地	以付款人的营业场所、住所或者经常居住地为付款地
		出票地	以出票人的营业场所、住所或者经常居住地为出票地

记载事项类型	票据	未记载事项	法律规定
相对必要记载事项	本票	付款地	以出票人的营业场所为付款地
		出票地	以出票人的营业场所为出票地
	支票	付款地	以付款人的营业场所为付款地
		出票地	以出票人的营业场所、住所或者经常居住地为出票地

未记载，票据行为有效，但须依照法律规定决定相应事项

e. 交付 — 票据行为人将进行记载的票据交付给相对人，票据行为成立

②实质要件
- a. 票据行为能力 — 无 / 限制民事行为能力人的票据签章无效，但不影响其他签章的效力
- b. 意思表示真实 — 以欺诈、偷盗、胁迫、恶意等手段取得票据的，不享有票据权利

③代理
- a. 生效要件
  - Ⅰ. 代理人有代理权
  - Ⅱ. 须明示本人（被代理人）的名义，并表明代理的意思
  - Ⅲ. 代理人签章
- b. 无权代理
  - Ⅰ. 符合表见代理 — 相对人取得票据权利，被代理人承担票据责任
  - Ⅱ. 不符合表见代理
    - · 追认 — 相对人取得票据权利，被代理人承担票据责任
    - · 不追认 — 相对人不能取得票据权利，无人承担票据责任

(5) 票据关系

①概念 — 指基于票据行为而发生的、以请求支付票据金额为内容的债权债务关系

②票据权利 / 责任概述
- a. 票据权利
  - Ⅰ. 第一顺位权利：付款请求权
  - Ⅱ. 第二顺位权利：追索权（当付款请求权不能实现时）
  - Ⅲ. “兜底民事权利”：利益返还请求权，当持票人因超过票据权利时效或因票据记载事项欠缺而丧失票据权利的，可请求出票人或承兑人返还其与未支付的票据金额相当的利益
- b. 票据责任
  - Ⅰ. 主债务人
    - · 责任
      - ▲付款请求权的行使对象
      - ▲追索关系中的最终偿还义务人
    - · 对象
      - ▲汇票承兑人
      - ▲本票出票人
  - Ⅱ. 次债务人
    - · 责任 — ▲只能成为追索权的行使对象
    - · 对象
      - ▲汇票的出票人、背书人
      - ▲本票的背书人
      - ▲支票的出票人、背书人
  - Ⅲ. 保证人
    - · 被保证人是主债务人，保证人属于主债务人
    - · 被保证人是次债务人，保证人属于次债务人

支票上的付款人、未经承兑的汇票的付款人，委托收款人、代理付款人未在票据上签章，并不承担票据债务，仅仅是票据关系人

票据与支付结算法律制度

票据 — 总则

(5) 票据关系 — ③票据基础关系

- a. 定义 — 指票据关系据以产生的、由民法规定的法律关系。最重要的是票据原因关系和票据资金关系
- b. 票据行为无因性
  - Ⅰ. 票据基础关系的瑕疵并不影响票据行为的效力（同时也是票据“文义性”的体现）
  - Ⅱ. 基础关系内容与票据记载不一致的，票据关系的内容以票据记载为准
  - Ⅲ. 票据贴现：票据授受的原因是票据权利买卖，因没有真实交易关系和债权债务关系，票据行为无效，但经批准的金融机构从事票据贴现业务的除外

(6) 票据权利

- ①取得
  - a. 依票据行为而取得 — 出票、转让背书、票据保证、质押背书
  - b. 依法律规定而直接取得
    - Ⅰ. 被追索人向持票人偿还票据金额、利息费用后可取得
    - Ⅱ. 因税收、继承、法人合并或分立而取得
  - c. 善意取得
    - Ⅰ. 构成要件
      - · 转让人是形式上的票据权利人（不得优于前手权利）
      - · 转让人没有处分权
      - · 受让人须付出相当对价
      - · 受让人依照票据法规定的转让方式取得票据
      - · 受让人善意且无重大过失（善意：不知情也不应当知情。无重大过失：票据无形式瑕疵）
    - Ⅱ. 法律后果
      - · 受让人 — 取得票据权利
      - · 原权利人 — 丧失票据权利
      - · 无权处分人
        - ▲以自己名义在票据上作为背书人签章，应承担背书人的票据责任
        - ▲未以自己名义在票据上签章，处分人是票据伪造人，则不承担票据责任，但可能承担其他法律责任
- ②消灭
  - a. 一般原因——付款
  - b. 未进行票据权利的保全（没有按期提示承兑或付款，或者被拒绝时没有依法取证），将丧失对出票人和承兑人（如有）以外的前手的追索权
  - c. 已过时效导致票据权利（付款请求权、追索权）消灭

<table>
<tr><th colspan="2" rowspan="3">票据类型</th><th colspan="3">票据权利消灭时效</th></tr>
<tr><th rowspan="2">对出票人和承兑人</th><th colspan="2">对一般前手</th></tr>
<tr><th>首次追索</th><th>再追索</th></tr>
<tr><td rowspan="4">商业汇票</td><td>定日付款</td><td rowspan="3">到期日起 2 年</td><td rowspan="7">被拒绝承兑或被拒绝付款之日起 6 个月</td><td rowspan="7">清偿日或被提起诉讼之日起 3 个月</td></tr>
<tr><td>出票后定期付款</td></tr>
<tr><td>见票后定期付款</td></tr>
<tr><td>见票即付</td><td rowspan="3">出票日起 2 年</td></tr>
<tr><td colspan="2">银行汇票</td></tr>
<tr><td colspan="2">银行本票</td></tr>
<tr><td colspan="2">支票</td><td>出票日起 6 个月</td></tr>
</table>

（7）伪造与变造

事项	具体行为	后果
票据伪造（针对签章）	虚构他人名义，并以此人名义而为的票据行为	不论主观目的如何，应由其（行为人）承担票据责任，而不构成（狭义的）票据伪造
	假冒他人名义，径行以他人之名义而为的票据行为。如不能获得本人授权或不能类推表见代理的，构成（狭义的）票据伪造	①伪造者未在票据上签章，不承担票据责任，但可能承担刑事责任、行政法律责任或民法上的赔偿责任。 ②被伪造者不承担因该票据行为所产生的票据责任。 ③票据上有伪造签章的，不影响票据上其他真实且符合规定的签章效力
票据变造	没有变更权限的人变更票据上签章以外的其他记载事项的行为	由于电子商业票据业务的推广等原因，票据变造的情形已极为罕见

（8）票据抗辩

抗辩	说明	具体情形
物的抗辩（绝对抗辩）	票据所记载的全部票据权利均不存在	①出票行为因法定形式要件的欠缺而无效。 a. 欠缺绝对必要记载事项：如缺少出票日期。 b. 记载了可导致出票行为无效的事项：如出票行为附有条件。 c. 若干事项的记载方式不符合法律规定：如票据金额的中文大写和数码不一致，对票据金额、日期、收款人名称进行了更改。 ②票据权利已消灭：如因付款而消灭
	票据上记载的特定债务人的债务不存在	①无 / 限制民事行为能力人的签章，其签章无效，不承担票据责任。 ②狭义无权代理下，本人不承担或仅对不超越代理权限的部分承担票据责任。 ③票据伪造的被伪造人，不承担票据责任。 ④对特定债务人的票据时效期间经过，其票据责任消灭。 ⑤对特定票据债务人的追索权，因持票人未进行票据权利的保全而丧失
	票据权利的行使不符合债的内容	①票据权利人行使其权利的时间、地点、方式不符合票据记载或法律规定。 ②法院经公示催告后作出除权判决后，票据权利人持票据主张权利的
人的抗辩（相对抗辩）	基于持票人方面的原因	①持票人不享有票据权利。 ②持票人不能够证明其权利。 ③背书人记载了“不得转让”字样的，记载人对于其直接后手的后手不承担票据责任
	基于票据行为直接当事人之间的原因	在票据行为的直接当事人之间，票据债务人可以基于基础关系上的事由对票据权利人进行抗辩
	票据抗辩切断制度	①票据债务人原则上不得以自己与出票人或与持票人的前手之间的抗辩事由，对抗持票人。 ②两个例外： a. 持票人明知债务人与出票人或与其前手之间存在抗辩事由，而仍受让票据权利的，票据债务人可以该事由对抗持票人。 b. 持票人未给付对价而取得票据。因税收、继承、赠与可以依法无偿取得票据的，不受给付对价的限制。但是，所享有的票据权利不得优于其前手的权利。 提示：在持票人无偿取得票据的情况下，如果其前手的权利已经获得了抗辩切断的保护，那么持票人的权利也受到抗辩切断的保护

票据与支付结算法律制度

票据

总则

（9）票据丧失及补救

①挂失止付（临时救济措施）

- a. 适用票据类型
  - Ⅰ. 已承兑的商业汇票
  - Ⅱ. 支票
  - Ⅲ. 填明“现金”字样和代理付款人的银行汇票
  - Ⅳ. 填明“现金”字样的银行本票
- b. 程序 — 失票人填写挂失止付通知书并签章→通知付款人
  - Ⅰ. 收到通知前未付款，应立即暂停止付
  - Ⅱ. 收到通知前已付款，不再接受挂失止付
- c. 效力 — 申请人应在申请前或通知挂失止付后 3 日内向法院申请公示催告或起诉，否则挂失止付失去效力

②公示催告

- a. 适用票据类型 — 可背书转让的票据
  - 填明“现金”字样的银行汇票、填明“现金”字样的银行本票和现金支票不得背书转让，因此这些票据不能申请公示催告
- b. 申请人资格 — 票据所记载的票据权利人（丧失前最后合法持票人）
- c. 程序
  - 失票人向票据付款地基层法院提出书面申请→审查符合条件受理并通知付款人停止支付→3 日内公示催告
    - 催告期≥ 60 日，且催告期届满日不早于票据付款日后 15 日
    - Ⅰ. 有人申报或催告期届满未申请除权 — 结束催告
    - Ⅱ. 无人申报或被驳回申报
      - 届满次日起 1 个月内申请除权→除权判决→持除权判决行使票据权利
      - 除权判决的撤销：利害关系人因正当理由不能在除权判决之前向法院及时申报权利的，自知道或应当知道判决公告之日起 1 年内，可以向作出除权判决的法院起诉，请求撤销除权判决

③民事诉讼 — 可提票据返还之诉、请求补发票据之诉、请求付款之诉等

- 挂失止付并非公示催告的前置程序

分则

（1）汇票

①出票

- a. 概念 — 出票人签发票据并将其交付收款人的票据行为
- b. 款式
  - Ⅰ. 绝对必要记载事项、相对必要记载事项（参见总则 – 票据行为 – 形式要件 – 一定的款式）
  - Ⅱ. 可以记载事项 — 可记载“不得转让”字样，记载后汇票不得转让
  - Ⅲ. 记载无效事项 — 出票人在票据上表明不承担保证该汇票承兑或付款的责任。此类记载无效，出票行为有效
- c. 效力（基本当事人）
  - Ⅰ. 出票人 — 须在票据上签章，承担担保承兑和担保付款的责任
  - Ⅱ. 收款人 — 取得票据权利（付款请求权、追索权及以背书等方式处分其票据权利的权利）
  - Ⅲ. 付款人 — 因未在票据上签章而并非票据债务人，并不因出票行为而承担票据责任

- a. 概念 — 指远期汇票的付款人，在票据正面作出承诺，在票据到期日无条件支付票据金额的记载并签章，然后将票据交付请求承兑之人的票据行为

b. 款式
- Ⅰ. 绝对必要记载事项 — 必须记载“承兑”字样 + 签章
- Ⅱ. 相对必要记载事项 — 如果承兑人未记载承兑日期，则以收到提示承兑的汇票之日起的第 3 日为承兑日期
- Ⅲ. 记载使承兑无效事项 — 承兑不得附条件，承兑附有条件的，视为拒绝承兑

②承兑

c. 效力
- Ⅰ. 付款人 — 成为票据主债务人，即承兑人
- Ⅱ. 持票人 — 取得对承兑人的付款请求权
- Ⅲ. 承兑人 — 承兑人不得以其与出票人之间的资金关系来对抗持票人，拒绝支付汇票金额

票据行为无因性

d. 提示承兑

付款日期形式	提示承兑期限	付款人承兑
定日付款汇票	持票人应当在汇票到期日前向付款人提示承兑	Ⅰ. 付款人应当自收到提示承兑的汇票之日起 3 日内承兑或者拒绝承兑。 Ⅱ. 如果付款人在 3 日内不作承兑与否表示的，应视为拒绝承兑
出票后定期付款汇票		
见票后定期付款汇票	持票人应当自出票日起 1 个月内向付款人提示承兑	
见票即付汇票	无须提示承兑	

③转让背书

项目	具体内容
绝对必要记载事项	背书人的签章 + 被背书人名称（授权补记具有同等法律效力）
相对必要记载事项	背书日期：未记载，视为在汇票到期日前背书
“不得转让”字样	背书人在汇票上记载“不得转让”字样，其后手再背书转让的，原背书人对后手的被背书人不承担保证责任
背书附条件	背书不得附有条件，所附条件不具有汇票效力，背书行为有效
背书连续（形式审查）	持票人以背书的连续，证明其汇票权利；非经背书转让，而以其他合法方式（如继承、法人合并分立等）取得汇票的，依法举证，证明其汇票权利
部分背书、分别背书	将汇票金额的一部分转让的背书或将汇票金额分别转让给二人以上的背书无效
回头背书	a. 持票人为出票人的，对其前手无追索权。 b. 持票人为背书人的，对其后手无追索权

④非转让背书

a. 质押背书
- Ⅰ. 款式 — “质押”（或“设质”“担保”）字样为绝对必要记载事项，若未记载即为转让背书

  未记载在票据、粘单上，另行签订质押合同、质押条款的不构成票据质押
- Ⅱ. 效力
  - · 票据质权人有权以相当于票据权利人的地位行使票据权利（付款请求权、追索权）
  - · 票据质权人进行转让背书或质押背书无效，但可以进行委托收款背书

b. 委托收款背书
- Ⅰ. 款式 — “委托收款”（或“托收”“代理”）字样为绝对必要记载事项，若未记载即为转让背书
- Ⅱ. 效力
  - · 被背书人取得代理权，包括付款请求权、追索权以及收取款项的代理权
  - · 委托收款背书的被背书人可以再对他人进行委托收款背书

票据与支付结算法律制度

票据

分则

(1) 汇票

⑤保证

a. 记载事项

未在票据或粘单上记载“保证”字样，而另行签订保证合同或保证条款的，不属于票据保证。保证人应依据保证合同承担民法上的保证责任

类型	具体内容
绝对必要记载事项	Ⅰ. 表明“保证”的字样。 Ⅱ. 保证人的名称和住所。 Ⅲ. 保证人签章
相对必要记载事项	Ⅰ. 被保证人名称： · 未记载的，已承兑的汇票，承兑人为被保证人。 · 未承兑的汇票，出票人为被保证人。 Ⅱ. 保证日期：未记载的，出票日期为保证日期
保证附条件	保证不得附有条件，附有条件的，不影响对汇票的保证责任

b. 效力

- Ⅰ. 保证人与被保证人负同一责任（连带责任）
- Ⅱ. 多名保证人之间承担连带责任
- Ⅲ. 票据保证人不享有先诉抗辩权

⑥付款

a. 提示付款时间

- Ⅰ. 见票即付的汇票 — 出票日起 1 个月内
- Ⅱ. 远期汇票 — 到期日起 10 日内

b. 审查义务

- Ⅰ. 形式审查 — 票据权利的真实性（票据所记载的持票人是否真实享有票据权利）
- Ⅱ. 实质审查 — 提示付款人身份的真实性（提示付款人是否就是票据所记载的持票人）

⑦追索权

a. 发生原因

- Ⅰ. 到期追索 — 汇票到期被拒绝付款的，持票人可以行使追索权
- Ⅱ. 期前追索
  - · 被拒绝承兑（包括承兑附条件）
  - · 承兑人或付款人死亡、逃匿
  - · 承兑人或付款人被宣告破产 / 因违法被责令终止业务活动

b. 行使

- Ⅰ. 汇票的出票人、背书人、承兑人和保证人对持票人承担连带责任；持票人可以不按照汇票债务人的先后顺序，对其中任何一人、数人或全体行使追索权
- Ⅱ. 持票人对汇票债务人中的一人或数人已进行追索的，对其他汇票债务人仍可以行使追索权

“随便追”

c. 追索金额

- Ⅰ. 追索权的追索金额 — 被拒绝付款的汇票金额 + 汇票金额自到期日或提示付款日起至清偿日止计算的利息 + 取得有关拒绝证明和发出通知书的费用
- Ⅱ. 再追索权的追索金额 — 已清偿的全部金额 + 自清偿日起至再追索清偿日止计算的利息 + 发出通知书的费用

d. 通知 — 自收到通知（拒绝承兑或拒绝付款的有关证明）之日起 3 日内书面通知前手

a. 适用范围 — 单张出票金额在 300 万元以上应全部通过电票办理；单张出票金额在 100 万元以上的商业汇票原则上全部通过电子商业汇票办理

- ⑧电子票据（变）
  - b. 特点
    - Ⅰ. 电子商业汇票是指出票人依托电子商业汇票系统，以数据电文形式制作的，委托付款人在指定日期无条件支付确定金额给收款人或者持票人的票据
    - Ⅱ. 由上海票据交易所建设和运营的中国票据业务系统取代电子商业汇票系统。票据当事人可利用该系统，以数据电文形式签发票据和进行其他票据行为，以电子签名取代传统的签章方式
    - Ⅲ. 电子票据的票据行为只能在票据业务系统中实施
  - c. 法律适用
    - Ⅰ. 在电子汇票语境下，如果在出票或背书时选择“不得转让”，则后续无法再背书转让
    - Ⅱ. 中国票据业务系统优化了提示付款流程，当汇票到期时，系统会自动发起付款提示
    - Ⅲ. 电子商业汇票为定日付款票据。电子商业汇票的付款期限自出票日起至到期日止，最长不得超过1年
- (2) 本票
  - ①款式（参见总则 — 票据行为 — 形式要件 — 一定的款式）
  - ②提示付款期限 — 出票日期2个月内
- (3) 支票
  - ①款式（参见总则－票据行为－形式要件－一定的款式）
  - ②付款
    - a. 提示付款期限 — 出票日起10日内
    - b. 空头支票 — 持票人提示付款时，出票人的存款金额不足以支付支票金额，付款人不予付款

支付结算概述

- 银行结算账户
  - (1) 种类
    - ①单位银行结算账户
      - a. 基本存款账户 — 用于日常转账结算和现金收付；主办账户；只能开立一个
      - b. 一般存款账户 — 用于办理借款转存、借款归还和其他结算；现金可存不可取
      - c. 专用存款账户 — 为特定资金进行专项管理和使用而开立
      - d. 临时存款账户 — 用于临时活动的资金支付，有效期≤2年
    - ②个人银行结算账户 — Ⅱ、Ⅲ类银行账户可以通过移动支付工具进行小额取现，由银行根据客户风险等级和交易情况自行设定。同一银行法人为同一人开立的Ⅱ、Ⅲ类账户的数量原则上分别不得超过5个
  - (2) 许可制度
    - ①企业结算账户 — 备案制
    - ②机关、实行预算管理的事业单位开立基本、临时和专用存款账户 — 经财政部门批准并经中国人民银行核准，另有规定的除外
  - (3) 撤销
    - ①情形
      - a. 被撤并、解散、宣告破产或关闭的
      - b. 注销、被吊销营业执照的
      - c. 因迁址需要变更开户银行的
    - ②流程 — 先撤一般、专用、临时存款账户，将账户资金转入基本存款账户后，方可办理基本存款账户的撤销

票据与支付结算法律制度

支付结算概述

非票据结算方式

- (1) 汇兑
  - ①撤销 — 汇款人对汇出银行尚未汇出的款项可申请撤销
  - ②退汇 — 汇款人对汇出银行已汇出的款项可申请退汇
- (2) 委托收款
  - ①适用 — 同城或异地结算；可适用于已承兑的商业汇票
  - ②付款
    - a. 以银行为付款人的，银行应在当日主动支付给收款人
    - b. 以单位为付款人的，银行应及时通知付款人 — 付款人接到通知
      - Ⅰ．当日书面通知银行付款
      - Ⅱ．未在次日起 3 日内通知银行付款的，视为同意付款→次日上午付款
- (3) 托收承付
  - ①适用 — 异地结算
  - ②条件
    - a. 托收承付结算每笔的金额起点为 1 万元
    - b. 收款和付款单位须是国有企业、供销合作社及经营管理较好，并经开户银行审查同意的城乡集体所有制工业企业
    - c. 须是商品交易，及因商品交易而产生的劳务供应的款项
    - d. 须签有符合民法规定的买卖合同，并在合同中订明使用托收承付结算方式
  - ③承付期
    - a. 验单付款 — 3 天
    - b. 验货付款 — 10 天
  - ④拒绝付款理由
    - a. 没签订买卖合同或合同未订明托收承付结算方式的款项
    - b. 代销、寄销、赊销商品的款项
    - （不符托收承付的条件）
    - c. 未经双方事先达成协议、收款人提前交货或因逾期交货、付款人不再需要该项货物的款项
    - d. 未按合同规定的到货地址发货的款项
    - e. 验单付款，发现所列货物与合同规定不符
    - f. 验货付款，经查验货物与合同规定或发货清单不符的款项
    - （卖方违约）
    - g. 货款已经支付或计算有错误的款项
- (4) 国内信用证
  - ①可申请开立信用证 — 政策性银行、商业银行、农村合作银行、村镇银行和农村信用社
  - ②特点
    - a. 我国的信用证是以人民币计价、不可撤销的跟单信用证
    - b. 适用于国内企事业单位之间的货物和服务贸易
    - c. 信用证的开立和转让，应当具有真实的贸易背景；银行只对单据进行表面审核
    - d. 可以部分转让（可转让信用证只能转让一次）
- ①信用卡透支消费 变
  - a. 透支利率 — 由发卡机构与持卡人自主协商确定
  - b. 透支的计结息方式、溢缴款是否计付利息及其利率标准 — 由发卡机构自主确定

- (5) 银行卡
  - c. 对持卡人违约逾期未还款的行为，发卡机构应与持卡人通过协议约定是否收取违约金，以及相关收取方式和标准 — 取消信用卡滞纳金
  - d. 发卡机构对向持卡人收取的违约金和年费、取现手续费、货币兑换费等服务费用 — 不得计收利息
  - e. 银行业金融机构应当审慎设置信用卡分期透支金额和期限——明确分期业务最低起始金额和最高金额上限
  - f. 银行业金融机构应当在分期业务合同（协议）首页和业务办理页面以明显方式展示分期业务可能产生的所有息费项目、年化利率水平和息费计算方式。向客户展示分期业务收取的资金使用成本时，应当统一采用利息形式，并明确相应的计息规则，不得采用手续费等形式，法律法规另有规定的除外
  - g. 客户提前结清信用卡分期业务的，银行业金融机构应当按照实际占用的资金金额及期限计收利息，并按照法律法规规定和与客户合同约定计收费用
  - ②使用和管理（变）
    - a. 借记卡在 ATM 上取款的交易上限为每日 2 万元；信用卡在 ATM 等自助机具办理预借现金业务，每卡每日累计不得超过人民币 1 万元
    - b. 根据《非银行支付机构监督管理条例实施细则》，银行卡收单归入支付交易处理 I 类。支付业务许可证登记的业务类型对应调整为支付交易处理 I 类
- (6) 预付卡
  - ①不包含范围
    - a. 仅限于发放社会保障金的预付卡
    - b. 仅限于乘坐公共交通工具的预付卡
    - c. 仅限于缴纳电话费等通信费用的预付卡
    - d. 发行机构与特约商户为同一法人的预付卡
  - ②分类
    - a. 记名预付卡 — 可挂失、可赎回，不得设置有效期
    - b. 不记名预付卡 — 一般不挂失、不赎回，有效期≥ 3 年
  - ③预付卡的管理（新）
    - a. 根据《非银行支付机构监督管理条例实施细则》，预付卡发行与受理、预付卡受理归入储值账户运营 II 类。支付业务许可证登记的业务类型对应调整为储值账户运营 II 类（经营地域范围）、储值账户运营 II 类（仅限于线上实名支付账户充值）、储值账户运营 II 类（仅限于经营地域范围预付卡受理）
    - b. 单用途商业预付卡，是指企业发行的，仅限于在本企业或本企业所属集团或同一品牌特许经营体系内兑付货物或服务的预付凭证。单用途预付卡业务不属于《非银行支付机构监督管理条例》规定的支付业务
- (7) 电子支付 — 使用最为广泛的是网上支付和移动支付

根据《非银行支付机构监督管理条例实施细则》，开展互联网支付，或者同时开展互联网支付和移动电话支付（固定电话支付、数字电视支付）的，归入储值账户运营 I 类。仅开展移动电话支付（固定电话支付、数字电视支付），不开展互联网支付的，归入支付交易处理 II 类（变）

第十章 企业国有资产法律制度

（考3分）

企业国有资产法律制度

概述

企业国有资产的监督管理

(1) 所有权

国家所有、全民所有

权限	主体	说明	管理要求
代表国家行使所有权	国务院	国务院代表国家行使企业国有资产所有权	—
履行出资人职责、享有出资人权益	国务院	关系国民经济命脉和国家安全的大型国家出资企业、重要基础设施和重要自然资源等领域的国家出资企业，由国务院代表国家履行出资人职责	①政企分开。 ②社会公共管理职能与企业国有资产出资人职能分开。 ③不干预企业依法自主经营的原则，依法履行出资人职责
	地方人民政府	其他国家出资企业，由地方人民政府代表国家履行出资人职责	

(2) 履行出资人职责的机构

- ①一般情形 — 国有资产监督管理机构根据授权对国家出资企业履行出资人职责
- ②特殊情形
  - a. 国务院授权财政部对金融行业、中央文化企业、中国铁路、中国烟草及中国邮政集团等公司履行出资人职责
  - b. 国有资本投资、运营公司对授权范围内的国有资本履行出资人职责

国家出资企业

(1) 治理

国有独资企业的法律依据《中华人民共和国全民所有制工业企业法》

治理机关	股东会	董事会	监事会
国有独资企业	×	×	√ 监事由政府派出
国有独资公司	× 由履行出资人职责的机构行使股东会职权	√ 董事会成员中应当过半数为外部董事；应当有职工代表，由公司职工代表大会选举产生	√ 董事会中设置审计委员会行使监事会职权的，不设监事会或监事
国有资本控股公司	√	√	√
国有资本参股公司	√	√	√

(2) 管理者的任免

企业类型	国资委参与方式	被选任人员		
		“董”	“监”	“高”
国有独资企业	任免	—		经理、副经理、财务负责人和其他高管
国有独资公司		董事长 / 副董事长 / 董事	监事会主席 / 监事	—
国有资本控股公司 / 国有资本参股公司	提名	董事	监事	

- (3) 管理者的兼职
  - ①机构外兼职
    - a. 未经履行出资人职责的机构同意，国有独资企业、国有独资公司的董事、高级管理人员不得在其他企业兼职
    - b. 未经股东会同意，国有资本控股 / 参股公司的董事、高级管理人员不得在经营同类业务的其他企业兼职
  - ②董事长兼任经理
    - a. 未经履行出资人职责的机构同意，国有独资公司的董事长不得兼任经理
    - b. 未经股东会同意，国有资本控股公司的董事长不得兼任经理
- (4) 企业改制
  - ①类型
    - a. 公司制改造 — 国有独资企业→国有独资公司
    - b. 降低国有成分
      - Ⅰ. 国有独资企业、国有独资公司→国有资本控股公司或非国有资本控股公司
      - Ⅱ. 国有资本控股公司→非国有资本控股公司
  - ②程序
    - a. 一般国企 — 由履行出资人职责的机构决定或由公司股东会决定
    - b. 重要国企 — 履行出资人职责的机构应提前将改制方案报请本级人民政府批准
  - ③涉及重新安置职工 — 企业应制定职工安置方案，并经职工代表大会或职工大会审议通过

登记制度

- 不用登记情形
  - (1) 为赚取差价从二级市场购入的上市公司股权
  - (2) 为了一年以内出售而持有的其他股权
- 登记类型

登记类型	主要的适用情况
占有产权登记	(1) 因投资、分立、合并而新设企业的。 (2) 因收购、投资入股而首次取得企业股权的
变动产权登记	(1) 企业名称、住所或法定代表人改变的。 (2) 企业组织形式发生变动的。 (3) 企业国有资本额发生增减变动的。 (4) 企业国有资本出资人发生变动的
注销产权登记	(1) 企业解散、被依法撤销或被依法宣告破产。 (2) 企业转让全部国有资产产权或改制后不再设置国有股权的

- 登记管理机关
  - (1) 非金融类企业 — 县级以上各级政府负责国有资产管理的部门
  - (2) 金融类企业 — 同级财政部门
  - 财政部主管全国产权登记工作，统一制定产权登记的各项政策法规
- 年度检查
  - (1) 每公历年度终了后 90 日内，工商年检登记前 — 向原产权登记机关申办产权登记年度检查
  - (2) 每公历年度终了后 150 日内 — 编制并向同级政府和上级产权登记机关报送产权登记与产权变动状况分析报告

企业国有资产法律制度

评估管理制度

评估情形

情形	非金融企业	金融企业
应当评估	(1) 整体或者部分改建为有限责任公司或者股份有限公司。 (2) 以非货币资产对外投资。 (3) 合并、分立、破产、解散。 (4) 非上市公司国有股东股权比例变动。 (5) 产权转让。 (6) 资产转让、置换。 (7) 整体资产或者部分资产租赁给非国有单位。 (8) 以非货币资产偿还债务。 (9) 资产涉讼。 (10) 收购非国有单位的资产。 (11) 接受非国有单位以非货币资产出资。 (12) 接受非国有单位以非货币资产抵债	金融企业除左述情形外，还有： (1) 资产拍卖。 (2) 债权转股权。 (3) 债务重组。 (4) 接受非货币性资产抵押或者质押。 (5) 处置不良资产
可以（不）评估	(1) 经各级人民政府或其履行出资人职责的机构批准实施的无偿划转。 (2) 国有独资企业与其下属独资企业之间或其下属独资企业之间的合并、资产置换和无偿划转	金融企业除左述情形外，还有： (1) 发生多次同类型的经济行为时，同一资产在评估报告使用有效期内，并且资产、市场状况未发生重大变化。 (2) 上市公司流通股转让

评估档案

保存期限≥ 15 年

属于法定评估业务的，保存期限≥ 30 年

交易方式

(1) 产权转让

- ①审核批准
  - a. 国家出资企业
    - Ⅰ. 一般 — 履行出资人职责的机构负责审核
    - Ⅱ. 例外 — 因产权转让使国家丧失企业控股权的，须由履行出资人职责的机构报本级人民政府批准
  - b. 国家出资企业子企业
    - Ⅰ. 一般 — 国家出资企业应制定其子企业产权转让管理制度，确定审批管理权限
    - Ⅱ. 例外 — 主业关系国家安全、国民经济命脉的重要行业和关键领域，主要承担重大专项任务子企业的产权转让须报同级履行出资人职责的机构批准
- ②审计评估 — 涉及参股权转让不宜单独进行专项审计的，转让方应取得转让标的企业最近一期年度审计报告
- ③确定受让方 — 原则上，通过产权市场公开进行；特殊情况下，可以非公开协议方式进行
- ④结算交易价款
  - a. 应以人民币计价，通过产权交易机构以货币进行结算
  - b. 合同生效 5 个工作日内一次付清；有困难可分期付款

合同生效 5 个工作日内支付首期付款（≥ 30%），余款 1 年内付清，应提供担保并支付延期利息

- 企业国有资产交易管理制度
  - （2）增资
    - ①审核批准 — 同产权转让
    - ②审计评估
    - ③确定投资方 — 原则上也要进场交易，公开征集投资方并加以遴选，特殊情况下可以豁免进场交易
  - （3）资产转让
    - ①公告期
      - a.100 万元＜转让底价＜ 1 000 万元的项目，信息公告期≥ 10 个工作日
      - b. 转让底价＞ 1 000 万元的项目，信息公告期≥ 20 个工作日
    - ②价款 — 原则上一次性付清
  - 上市公司国有股权变动
    - （1）交易系统转让
      - ①国有控股股东
        - a. 转让后持股比例＜合理持股比例
        - b. 总股本≤ 10 亿股，一个会计年度内累计净转让≥总股本 5%
        - c. 总股本＞ 10 亿股，一个会计年度内累计净转让数量≥ 5 000 万股
      - ②国有参股股东 — 一个会计年度内累计净转让≥总股本 5%
      - 应报履行出资人职责的机构审核批准
    - （2）公开征集转让
      - ①信息披露 — 书面告知，上市公司依法披露进行提示性公告；可能导致控股权转移的，一并通知上市公司申请停牌
      - ②公开征集期限 — ≥ 10 个交易日
      - ③转让定价（≥两者中较高者）
        - a. 提示性公告日前 30 个交易日的每日加权平均价格的算术平均值
        - b. 最近一个会计年度上市公司经审计的每股净资产值
      - ④签约履行 — 转让协议签订后 5 个工作日内收取≥ 30% 转让价款的保证金；其余价款应在股份过户前全部结清
        - 未结清或交由第三方妥善保管前，不得办理股份过户登记手续
    - （3）非公开协议转让
      - ①适用情形
        - a. 上市公司连续 2 年亏损并存在退市风险或严重财务危机，受让方提出重大资产重组计划及具体时间表的
        - b. 企业主业处于关系国家安全、国民经济命脉的重要行业和关键领域，主要承担重大专项任务，对受让方有特殊要求的
        - c. 为实施国有资源整合或资产重组，在国有股东、潜在国有股东之间转让的
        - d. 上市公司回购股份涉及国有股东所持股份的
        - e. 国有股东因接受要约收购方式转让其所持上市公司股份的
        - f. 国有股东因解散、破产、减资、被依法责令关闭等原因转让其所持上市公司股份的
        - g. 国有股东以所持上市公司股份出资的
      - ②转让定价 — 同公开征集转让
    - （4）发行可交换公司债券 — 发行价格≥债券募集说明书公告日前 1 个交易日、前 20 个交易日、前 30 个交易日该上市公司股票均价中的最高者

第十一章 反垄断法律制度 （考5分）

反垄断法律制度

反垄断法律制度概述

适用范围

- （1）地域范围
  - ①属地原则 — 境内经济活动中的垄断行为
  - ②效果原则 — 境外的垄断行为，对境内市场竞争产生排除、限制影响
- （2）主体范围
  - ①经营者
  - ②行业协会
  - ③行政主体
- （3）排除适用
  - ①知识产权的正当行使
  - ②国有垄断企业合法经营
  - （①②：滥用适用）
  - ③农业生产中的联合或协同行为

相关市场的界定

- （1）基本标准 — 商品间的“较为紧密的相互替代性”
- （2）三个维度　并非任何市场界定都涉及商品、地域和时间三个维度，大部分只需商品和地域两个维度

维度	需求角度	供给角度
相关商品市场	①因商品价格或其他竞争因素变化，转向或考虑转向购买其他商品的证据；②商品的外形、特性、质量和技术特点等总体特征和用途；③商品之间的价格差异（替代性较强的商品价格比较接近）；④商品的销售渠道；⑤其他，如需求者偏好或对商品的依赖程度；可能阻碍大量需求者转向某些紧密替代商品的障碍、风险和成本；是否存在区别定价等	①生产流程和工艺；②转产的难易程度；③转产需要的时间、额外费用和风险；④转产后所提供商品的市场竞争力；⑤营销渠道
相关地域市场	①因商品价格或其他竞争因素变化，转向或考虑转向其他地域购买商品的证据；②商品的运输成本、运输特征；③多数需求者选择商品的实际区域和主要经营者商品的销售分布；④地区间的贸易壁垒；⑤其他，如特定区域需求者偏好，商品运进和运出该地域的数量	其他地域供应或销售相关商品的即时性和可行性
相关时间市场	商品的生产周期、使用期限、季节性、流行时尚性或知识产权保护期限等已构成商品不可忽视的特征时才考虑，时间的变化可能导致相关产品市场和相关地域市场随之变化	

- （3）平台经济领域的相关市场界定（新）
  - a. 相关商品市场界定 — 平台经济领域的相关商品市场界定的基本方法是替代性分析
  - b. 相关地域市场界定 — 平台经济领域相关地域市场界定同样采用需求替代和供给替代分析

反垄断法律责任

- （1）行为类型
  - ①实施非法垄断行为
  - ②妨碍反垄断执法活动
  - ③反垄断执法人员执法行为不当
  - （均可能承担刑事责任）
- ①行政责任
  - a. 反垄断行政执法机构针对违法垄断行为作出的制裁措施
  - b. 承担行政责任的主体既包括作为行为主体的经营者和行业协会，也包括对经营者特定类型垄断行为负有个人责任的法定代表人、主要负责人和直接责任人员

- (2) 主体范围
  - ②民事责任 变
    - a. 非法垄断行为给他人造成损失的，行为人应当承担民事责任
    - b. 因垄断行为使所涉合同或者经营者团体的章程、决议、决定等无效，有关当事人应当承担民事责任
  - ③刑事责任 — 违反《中华人民共和国反垄断法》规定构成犯罪的，依法追究刑事责任

反垄断行政执法

- (1) 执法机构
  - ①执法机构 — 国家市场监督管理总局
  - ②议事、协调机构 — 国务院反垄断委员会（下设办公室承担日常工作，办公室设在国家市场监督管理总局）
- (2) 反垄断调查措施
  - ①进入被调查的经营者的营业场所或其他有关场所进行检查
  - ②询问被调查的经营者、利害关系人或其他有关单位或者个人，要求其说明有关情况
  - ③查阅、复制被调查的经营者、利害关系人或其他有关单位或个人的相关文件和资料
  - ④查封、扣押相关证据
  - ⑤查询经营者的银行账户
- (3) 反垄断约谈制度 — 适用范围
  - ①经营者 — 反垄断执法机构可以对达成垄断协议或滥用市场支配地位经营者的法定代表人或负责人进行约谈
  - ②执法者 — 相较于对经营者的约谈，针对行政垄断行为的约谈主要有以下特点
    - a. 约谈应当经过反垄断执法机构主要负责人的批准
    - b. 反垄断执法机构可以根据需要，邀请被约谈单位的有关上级机关共同实施约谈
    - c. 反垄断执法机构应当公开约谈情况，也可以邀请媒体、行业协会、专家学者、相关经营者、社会公众代表列席约谈
    - d. 反垄断执法机构可以将约谈情况通报被约谈单位的上级机关或监察机关
- (4) 经营者承诺
  - ①适用范围
    - a. 主要适用于垄断协议和滥用市场支配地位的案件
    - b. 适用排除（横向垄断协议）
      - Ⅰ. 调查核实后认为构成违法垄断行为的
      - Ⅱ. 固定或变更商品价格
      - Ⅲ. 限制商品的生产数量或销售数量
      - Ⅳ. 分割销售市场或原材料采购市场
  - ②中止调查及终止调查决定的法律后果
    - a. 不是对经营者的行为是否构成垄断行为作出认定
    - b. 仍可以依法对其他类似行为实施调查并作出行政处罚
    - c. 不应作为认定该行为是否构成垄断行为的相关证据
  - ③措施
    - a. 行为性措施 — 调整定价策略、取消或更改各类交易限制措施、开放网络或平台等基础设施，许可专利、技术秘密或其他知识产权等
    - b. 结构性措施 — 剥离有形资产、知识产权等无形资产或相关权益
    - c. 综合性措施 — 行为性措施和结构性措施的组合

反垄断法律制度

反垄断法律制度概述

反垄断民事诉讼

- (1) 原告资格 — 因垄断行为受到损失以及因合同内容或者经营者团体的章程、决议、决定等违反反垄断法而发生争议的自然人、法人或者非法人组织
- (2) 民事诉讼与行政执法的关系 — 受理垄断民事纠纷案件，不以执法机构已进行查处为前提
- (3) 专家在诉讼中的作用（变）
  - ①专家辅助人不具有中立性，在法庭上提供的意见相当于当事人陈述
  - ②出具市场调查或者经济分析意见，属于证据

一方当事人就案件的专门性问题自行委托有关专业机构或者专业人员提出市场调查或者经济分析意见，该意见缺乏可靠的事实、数据或者其他必要基础资料佐证，或者缺乏可靠的分析方法，或者另一方当事人提出证据或者理由足以反驳的，人民法院不予采信

垄断协议规制制度

类型

维度	横向垄断协议	纵向垄断协议
定义	具有竞争关系的经营者之间达成的排除、限制竞争的协议	同一产业中处于不同市场环节而具有买卖关系的企业通过共谋达成的联合限制竞争协议
例外	特定经营者取得对其他经营者的控制权或者能够对其他经营者施加决定性影响，或者两个以上经营者被同一第三方控制或者施加决定性影响，该经营者应当视为一个经济实体的，不构成具有竞争关系的经营者	如果协议属于经营者与相对人之间的代理协议，且代理商不承担任何实质性商业或者经营风险的，不构成纵向垄断协议
禁止行为	(1) 固定或变更商品价格的协议。 (2) 限制商品的生产数量或销售数量的协议。 (3) 分割销售市场或原材料采购市场的协议。 (4) 限制购买新技术、新设备或限制开发新技术、新产品的协议。 (5) 联合抵制交易	(1) 固定向第三人转售商品的价格。 (2) 限定向第三人转售商品的最低价格
举证责任	(1) 在民事诉讼中，原告也无须为其反竞争效果承担举证责任（举证责任倒置）。 (2) 行为人无权提出协议不具有反竞争效果的抗辩，但可提出豁免抗辩	(1) 个别行为的效果推定：经营者自证清白，不予禁止。 (2) 安全港规则：经营者能证明其市场份额低于标准的，不予禁止

其他协同行为认定的考虑因素（变）

- (1) 经营者的市场行为是否具有一致性
- (2) 经营者之间是否进行过意思联络、信息交流或者传递
- (3) 相关市场的结构情况、竞争状况、市场变化等情况
- (4) 经营者能否对行为的一致性作出合理解释

在垄断民事纠纷案件中，原告提供上述第（1）项和第（2）项的初步证据，或者第（1）项和第（3）项的初步证据，能够证明经营者存在协同行为的可能性较大的，被告应当提供证据或者进行充分说明，对其行为一致性作出合理解释；不能作出合理解释的，人民法院可以认定协同行为成立。所谓合理解释，包括经营者系基于市场和竞争状况变化等而独立实施相关行为

行业协会垄断行为

- (1) 制定、发布含有排除、限制竞争内容的行业协会章程、规则、决定、通知、标准等
- (2) 召集、组织或推动本行业的经营者达成含有垄断内容的协议、决议、纪要、备忘录等

豁免（变）

- (1) 改进技术、研发新产品
- (2) 提质增效、降低成本，统一产品规格等
- (3) 提高中小经营者经营效率和竞争力
- (4) 节能环保、救灾救助等社会公共利益
- (5) 因经济不景气，为缓解销售下降或生产过剩
- (6) 保障对外贸易和对外经济合作中的正当利益

要求经营者证明以下事实，否则不能获得豁免（符合比例原则）：
①协议与实现该情形之间具有因果关系。
②协议为实现该情形所必需。
③协议不会严重限制相关市场的竞争。
④协议能够使消费者分享由此产生的利益

宽大制度
- （1）前提 — 主动报告 + 提供重要证据
- （2）减免处罚
  - ①第一个申请者 — 免除处罚或减轻 80% 以上的罚款
  - ②第二个申请者 — 减轻 30% ~ 50% 的罚款
  - ③第三个申请者 — 减轻 20% ~ 30% 的罚款

垄断协议的组织、帮助行为（变）
- （1）主体 — 行业协会及其他经营者（包括经营团体）
- （2）形式 — 表现为达成纵向限制协议，或表现为其他组织协调行为（如帮助沟通、交换关键信息）
- （3）责任 — 经营者、经营者团体等组织其他经营者达成、实施垄断协议，给原告造成损失，与达成、实施垄断协议的其他经营者承担连带责任。经营者、经营者团体等为其他经营者达成、实施垄断协议提供实质性帮助，与达成、实施垄断协议的其他经营者承担连带责任，能够证明其不知道且不应当知道其他经营者达成、实施有关协议的除外

滥用市场支配地位规制制度

支配地位推定标准
- （1）1 个经营者，市场份额达到 1/2
- （2）2 个经营者，市场份额合计达到 2/3
- （3）3 个经营者，市场份额合计达到 3/4

市场份额不足 1/10 的经营者，不应推定具有市场支配地位

禁止行为

分类	行为	具体事项
剥削性滥用	以不公平的高价销售商品或以不公平的低价购买商品	“不公平的高价 / 低价”考虑的主要因素是：（1）价格是否明显高于或低于其他经营者在相同或相似市场条件下销售或购买同种 / 可比较商品的价格；（2）价格是否明显高于或低于同一经营者在其他相同或相似市场条件区域销售或购买同种 / 可比较商品的价格；（3）成本基本稳定的情况下，是否超过正常幅度提高销售价格或降低购买价格；（4）提价幅度是否明显高于成本增长幅度，或购买商品的降价幅度是否明显高于交易相对人成本降低幅度
排他性滥用	没有正当理由，以低于成本的价格销售商品（掠夺性定价）	正当理由（非掠夺性定价）：（1）降价处理鲜活商品、季节性商品、有效期限即将到期的商品和积压商品；（2）因清偿债务、转产、歇业降价销售商品；（3）在合理期限内为推广新产品进行促销
	没有正当理由，拒绝与交易相对人进行交易	否认拒绝交易行为违法性的正当理由：（1）因不可抗力等客观原因无法进行交易；（2）交易相对人有不良信用记录或者出现经营状况恶化等情况，影响交易安全；（3）与交易相对人进行交易将使经营者利益发生不当减损
	无正当理由，限定交易相对人只能与其进行交易或者只能与其指定的经营者进行交易	限定交易的正当理由：（1）为满足产品安全要求所必需；（2）为保护知识产权、商业秘密或者数据安全所必需；（3）为保护针对交易进行的特定投资所必需；（4）为维护平台合理的经营模式所必需

反垄断法律制度

滥用市场支配地位规制制度

禁止行为

续表

分类	行为	具体事项
排他性滥用	没有正当理由搭售商品，或者在交易时附加其他不合理的交易条件	搭售及附加不合理交易条件行为的正当理由：（1）符合正当的行业惯例和交易习惯；（2）为满足产品安全要求所必需；（3）为实现特定技术所必需
	没有正当理由，对条件相同的交易相对人在交易价格等交易条件上实行差别待遇	差别待遇行为的正当理由：（1）根据交易相对人实际需求且符合正当的交易习惯和行业惯例，实行不同交易条件；（2）针对新用户的首次交易在合理期限内开展的优惠活动；（3）基于公平、合理、无歧视的平台规则实施的随机性交易
	利用数据和算法、技术以及平台规则等从事滥用市场支配地位的行为	—

经营者集中反垄断审查制度

事前申报标准

满足其一：
- （1）所有经营者上年在全球营业额合计＞120 亿元人民币 + 至少 2 个经营者上年在境内营业额均＞8 亿元人民币
- （2）所有经营者上年在境内营业额合计＞40 亿元人民币 + 至少 2 个经营者上年在境内营业额均＞8 亿元人民币
- （3）未达上述标准，但有反竞争效果

申报豁免

同一控制下的重组
- （1）参与集中的 1 个经营者拥有其他每个经营者 50% 以上有表决权的股份或资产的
- （2）参与集中的每个经营者 50% 以上有表决权的股份或资产被同一个未参与集中的经营者拥有的

两阶段审查

- （1）第一阶段
  - ①期限 — 自收到符合规定的文件、资料之日起 30 日内作出是否实施进一步审查决定
  - ②结果
    - a. 不实施进一步审查或逾期未作出决定的，经营者可以实施集中
    - b. 决定实施进一步审查的，进入第二阶段审查
- （2）第二阶段 — 自作出实施进一步审查决定之日起 90 日内完毕，延长最多不得超过 60 日

审查的实体标准

- （1）一般标准 — 具有或可能具有排除、限制竞争效果
- （2）竞争影响评估的考虑因素
  - ①参与集中的经营者在相关市场的市场份额及其对市场的控制力
  - ②相关市场的市场集中度
  - ③经营者集中对市场进入、技术进步的影响
  - ④经营者集中对消费者和其他有关经营者的影响
  - ⑤经营者集中对国民经济发展的影响

附加限制性条件

- （1）分类
  - ①结构性条件 — 剥离有形资产、知识产权等无形资产或相关权益
  - ②行为性条件 — 开放网络或平台等基础设施、许可关键技术、终止排他性协议或者独占性协议、保持独立运营、修改平台规则或者算法、承诺兼容或者不降低互操作性水平等
  - ③综合性条件 — 结构性条件和行为性条件相结合
- （2）解除情形
  - ①限制性条件到期自动解除
  - ②审查决定，限制性条件到期后义务人需申请解除的，应提交书面申请并说明理由

- **滥用行政权力排除、限制竞争规制制度**
  - 具体行为
    - (1) 行政强制交易
    - (2) 利用合作协议实施垄断行为
    - (3) 地区封锁
    - (4) 排斥或限制外地经营者参加本地招标投标
    - (5) 排斥或限制外地经营者在本地投资、设立分支机构或妨碍外地经营者在本地的正常经营活动
    - (6) 强制经营者从事垄断行为
    - (7) 抽象行政性垄断行为
  - 公平竞争审查制度（变）
    - (1) 审查对象 — 抽象行政行为
    - (2) 适用范围
      - ①行为层面——适用于政策措施的起草活动
      - ②主体层面——适用于作为起草单位的行政机关和法律、法规授权的具有管理公共事务职能的组织
    - (3) 实施机制
      - ①国务院公平竞争审查协调机制
      - ②地方人民政府公平竞争审查工作机制
      - ③公平竞争审查的主管部门
        - a. 国务院市场监督管理部门督促有关部门和地方开展公平竞争审查工作
        - b. 县级以上地方人民政府市场监督管理部门负责在本行政区域组织实施公平竞争审查制度
      - ④公平竞争审查的保障机制
    - (4) 标准
      - ①市场准入和退出标准
      - ②商品和要素自由流动标准
      - ③影响生产经营成本标准
      - ④影响生产经营行为标准
      - ⑤例外规定
        - a. 为维护国家安全和发展利益的
        - b. 为促进科学技术进步、增强国家自主创新能力的
        - c. 为实现节约能源、保护环境、救灾救助等社会公共利益的
    - (5) 审查机制（由起草单位开展自我审查）
      - ①拟由部门出台的政策措施，由起草单位在起草阶段开展公平竞争审查
      - ②拟由多个部门联合出台的政策措施，由牵头起草单位在起草阶段开展公平竞争审查
      - ③拟由县级以上人民政府出台或者提请本级人民代表大会及其常务委员会审议的政策措施，由本级人民政府市场监督管理部门会同起草单位在起草阶段开展公平竞争审查
      - ④国家鼓励有条件的地区探索建立跨区域、跨部门的公平竞争审查工作机制
    - (6) 监督保障机制
      - ①抽查、举报处理与督查
      - ②明确依法开展公平竞争审查的法律责任
        - a. 起草单位未依法开展公平竞争审查，经市场监督管理部门督促，逾期仍未整改的，上一级市场监督管理部门可以对其负责人进行约谈
        - b. 未依照相关条例规定开展公平竞争审查，造成严重不良影响的，对起草单位直接负责的主管人员和其他直接责任人员依法给予处分

第十二章 涉外经济法律制度 （考5分）

涉外经济法律制度

外商投资法律制度

外商投资的界定

- （1）外国投资者单独或与其他投资者共同在境内设立外商投资企业 / 投资新建项目
- （2）外国投资者取得境内企业的股份、股权、财产份额或其他类似权益

《中华人民共和国外商投资法》的特色与创新

- （1）从企业组织法转型为投资行为法
- （2）强调对外商投资的促进与保护
- （3）全面落实国民待遇原则
- （4）更加周延地覆盖外商投资实践

外商投资保护

- （1）加强对外商投资企业的产权保护
  - ①财产征收
    - a. 原则上，不征收
    - b. 为公共利益需要征收的按市场价值及时给予补偿
  - ②资金汇出 — 在境内的出资、所得及赔偿可依法自由汇入汇出
  - ③知识产权
    - a. 行政机关及其工作人员不得利用行政手段强制或变相强制外国投资者 / 投资企业转让技术
    - b. 确需外国投资者 / 投资企业提供涉及商业秘密的材料、信息的，行政机关应对信息中含有的商业秘密负保密义务
- （2）强化对制定涉及外商投资规范性文件的约束
  - ①没有法律法规依据，不得减损外商投资企业的合法权益或增加其义务，不得设置市场准入和退出条件，不得干预外商投资企业的正常生产经营活动
  - ②涉及外商投资的规范性文件，应按照国务院的规定进行合法性审核
- （3）促使地方政府守约践诺
- （4）建立健全外商投资企业投诉工作机制 — 建立外商投资企业投诉工作部际联席会议制度，或行政诉讼、行政复议
- （5）允许外商投资企业依法成立商会、协会

外商投资安全审查制度

- （1）外商投资安全审查工作机制办公室设在国家发展改革委，由国家发展改革委与商务部双牵头
- （2）应在投资前主动申报的
  - ① 投资军工：投资军工、军工配套等关系国防安全的领域，以及在军事设施和军工设施周边地域投资
  - ② 投资重要 + 实际控制权：投资关系国家安全的重要农产品、重要能源和资源、重大装备制造、重要基础设施、重要运输服务、重要文化产品与服务、重要信息技术和互联网产品与服务、重要金融服务、关键技术以及其他重要领域，并取得所投资企业的实际控制权
- （3）审查程序　审查期间，当事人不得实施投资

事项	一般审查	特别审查
期限	30 个工作日内完成	60 个工作日内完成（特殊情况下可延长，但应书面通知当事人）
结果	①不影响国家安全→通过。 ②影响或可能影响→特别审查（书面通知当事人）	①不影响国家安全→通过。 ②影响→禁止投资

通过附条件能消除对国家安全影响的，且当事人书面承诺接受附加条件的，可作出附条件通过安全审查的决定，并在决定中载明附加条件

（4）合同效力的认定
- ①负面清单之外的合同 — 当事人不得以合同未经有关行政主管部门批准、登记为由主张合同无效或未生效
- ②负面清单禁止的合同 — 当事人可主张投资合同无效
- ③负面清单限制的合同
  - a. 当事人以违反限制性准入特别管理措施为由，可主张投资合同无效
  - b. 当事人在裁判生效前采取必要措施满足准入特别管理措施的要求，可据此主张所涉投资合同有效
- ④负面清单调整 — 因负面清单在生效裁判作出前调整，外国投资者投资不再属于禁止或限制投资的领域，当事人可主张投资合同有效

境外投资法律制度

对外直接投资需要遵守的法律和政策
- （1）投资所在国的法律和政策
- （2）中国国内法中的相关规定
- （3）中国与东道国签订的双边投资保护协定和共同缔结或参加的多边条约中的相关规定

核准备案制度

企业类型	核准（敏感国家/行业）	备案（非敏感）
中央企业	向商务部申请→报国家发展改革委核准	向商务部备案 + 国家发展改革委备案
地方企业	通过省级商务主管部门向商务部申请→报国家发展改革委核准	报省级商务主管部门备案→（1）中方投资额≥ 3 亿美元→国家发展改革委备案；（2）中方投资额＜ 3 亿美元→省级发展改革部门备案

对外贸易法律制度

适用范围及原则
- （1）范围
  - ①货物进出口
  - ②技术进出口
  - ③国际服务贸易
  - ④与此相关的知识产权保护

  仅适用于中国内地（大陆），不包含港澳台（单独关税区）
- （2）原则
  - ①统一管理 — 商务部主管
  - ②公平自由
  - ③平等互利
  - ④区域合作
  - ⑤非歧视
    - a. 最惠国待遇（给你的不比给别人的差）
    - b. 国民待遇（给你的和自己人一样）
  - ⑥互惠对等 — 国际条约有规定，依照规定；无规定，互惠对等原则给予最惠国待遇和国民待遇

对外贸易经营者
- （1）主体 — 法人、非法人组织和自然人均可
- （2）许可 — 无须专门许可
- （3）特殊规定（国营贸易）
  - ①一般由经授权的企业经营
  - ②可允许部分数量的国营贸易管理货物的进出口业务由非授权企业经营

国营贸易看专营权或特许权，与国营企业是完全不同的概念

涉外经济法律制度

对外贸易法律制度

货物与技术进出口的管理制度

- (1) 货物
  - ①部分自由进出口→自动许可
  - ②限制进出口→配额（限数量）、许可证（其他）
- (2) 技术
  - ①自由进出口→备案登记
  - ②限制进出口→许可证

对外贸易救济

- (1) 反倾销
  - ①价格承诺 — 商务部可提出建议，但不得强迫作出价格承诺
  - ②临时反倾销措施
    - a. 临时反倾销税 — 商务部建议，国务院关税税则委员会决定，海关执行
    - b. 要求提供担保 — 商务部决定，海关执行
    - c. 期限 — ≤ 4 个月，特殊情形可延长至 9 个月
  - ③反倾销税（最终措施）
    - a. 幅度 — 税额≤终裁决定的倾销幅度
    - b. 征收期限 — ≤ 5 年，特殊情况可适当延长
- (2) 反补贴
  - ①专项性 — 补贴必须有专向性
  - ②措施 — 临时反补贴措施、取消或限制补贴，或者其他有关措施的承诺以及反补贴税
  - ③期限 — ≤ 4 个月，不得延长
- (3) 保障措施
  - ①决定 — 商务部作出裁定，并予以公告
  - ②临时保障措施期限 — ≤ 200 天
  - ③保障措施期限 — ≤ 4 年，延长期限≤ 10 年

外汇管理法律制度

范围

- (1) 属人主义 — 境内机构 + 境内个人
- (2) 属地主义 — 境外机构 + 境外个人（仅发生在中国境内）

外汇管理制度

- (1) 经常项目
  - ①内容
    - a. 贸易收支
    - b. 服务收支
    - c. 收益（职工报酬 + 投资收益）
    - d. 经常转移（单方面转移，如赠与）
  - ②一般规定
    - a. 收入实行意愿结汇制
    - b. 支出凭有效单证，无须审批
    - c. 需有真实、合法的交易基础
- (2) 货物贸易外汇业务（变）
  - ①企业名录管理
    - a. 企业在境内银行直接办理名录登记
    - b. 应当于办理首笔收支前办理名录登记
    - c. 银行应根据《申请表》通过国家外汇管理局“数字外管”平台填报企业名录信息
    - d. 其他境内机构或个体工商户确有客观需要开展货物贸易外汇收支业务的，可参照企业的有关规定办理
    - e. 小微跨境电商企业（收汇 / 付汇≤ 20 万美元）凭交易电子信息办理货物贸易外汇收支业务时，可免于办理名录登记
    - f. 银行办理名录信息填报或变更业务时，应审核企业基本信息的真实性，并留存纸质或电子材料 5 年备查

②企业分类管理 — 对 A 类企业的货物贸易外汇收支适用便利化的管理措施；对 B、C 类企业的货物贸易外汇收支，在单证审核、业务类型及办理程序、结算方式等方面实施审慎监管

(3) 服务贸易外汇业务 （变）
- ①初次收入——因提供劳务、金融资产和出租自然资源而获得的回报
- ②二次收入——指居民与非居民间的经常性转移，包括所有非资本转移的转移项目

按照服务贸易外汇收支有关规定执行

- ③外商投资企业的利润、股息和红利项下对外支付，按照直接投资利润汇出的相关管理规定办理
- ④合理审核
  - a. 单笔等值≤ 5 万美元——银行原则上可不审核交易单证
  - b. 单笔等值＞ 5 万美元——银行应按展业原则，确认交易单证所列的交易主体、金额、性质等要素与其申请办理的外汇收支相一致

(4) 个人外汇管理 — 年度总额为每人每年等值 5 万美元

资本项目管理制度
- (1) 直接投资
  - ①外商直接投资（“外投内”）
    - a. 前置登记
    - b. 真实自用
  - ②境外直接投资（“内投外”） — 登记备案

境内机构境外直接投资所得利润也可留存境外用于其境外直接投资

- (2) 间接投资
  - ①合格境外机构投资者制度（QFII）
    - a. 中国证监会、中国人民银行→监督管理证券期货投资
    - b. 中国人民银行、国家外汇管理局→监督管理账户、资金汇兑等
  - ②合格境内机构投资者制度（QDII）
    - a. 国家金融监督管理总局、中国证监会→监督管理市场准入
    - b. 国家外汇管理局→监督管理 QDII 机构境外投资额度、账户及资金汇兑
- (3) 外债管理
  - ①监管体制 — 国家外汇管理局负责全口径外债的统计监测，并定期公布外债情况
  - ②外债用途
    - a. 外商投资企业借用的外债资金可以结汇使用
    - b. 除另有规定外，境内金融机构和中资企业借用的外债资金不得结汇使用
    - c. 短期外债原则上只能用于流动资金，不得用于固定资产投资等中长期用途

人民币汇率制度 — 以市场供求为基础，参考一篮子货币进行调节、有管理的浮动汇率制度

外汇市场分类
- (1) 零售市场 — 银行和客户（包括企业或个人）之间进行柜台式外汇买卖市场
- (2) 批发市场 — 以银行业金融机构为主，非银行金融机构和非金融企业为辅的机构间外汇买卖市场

特别提款权
- (1) 本身不是货币，但本身有价值
- (2) 特别提款权货币篮组成货币：人民币、美元、欧元、日元、英镑

这五种货币是可自由使用货币；可自由使用≠可自由兑换